WAWER

Politisches Grundwissen für Ausbildung und Studium in der Polizei

Politisches Grundwissen für Ausbildung und Studium in der Polizei

Christoph Wawer,
ehemals Koordinator Gesellschaftswissenschaften/Sprachen mit dem Fachgebiet Staats- und Verfassungsrecht/politische Bildung, Hannover

5. überarbeitete Auflage, 2020

BOORBERG

Bibliografische Information der Deutschen Nationalbibliothek |
Die Deutsche Nationalbibliothek verzeichnet diese Publikation in der Deutschen Nationalbibliografie; detaillierte bibliografische Daten sind im Internet über www.dnb.de abrufbar.

5. Auflage, 2020

ISBN 978-3-415-06801-8

Titelfoto: © travelwitness – stock.adobe.com | Satz: abavo GmbH, Nebelhornstraße 8, 86807 Buchloe | Druck und Bindung: Laupp & Göbel, Talstraße 14, 72147 Nehren

Richard Boorberg Verlag GmbH & Co KG | Scharrstraße 2 | 70563 Stuttgart
Stuttgart | München | Hannover | Berlin | Weimar | Dresden
www.boorberg.de

Vorwort zur 5. Auflage

Musste die 4. Auflage im Hinblick auf die Weltwirtschafts- und Eurokrise sowie einzelnen Verfassungsänderungen aktualisiert werden, so sind es in dieser, der 5. Auflage, die weltweiten Krisen des vergangenen Jahrzehnts, die Deutschland treffen.

2014 brach Russland die europäische Friedensordnung, Kriege in Libyen und Syrien führten zu einer gewaltigen Migrationswelle, die 2015 Deutschland erreichte und das Grundrecht auf Asyl überbeanspruchte. In sozialen Netzwerken wurde eine latente gesellschaftliche Unzufriedenheit geschürt. Eine neue Partei hielt Einzug in die Parlamente.

Trotz einer Radikalisierung der politischen Kultur existiert in Deutschland keine Polarisierung der Gesellschaft in zwei Blöcke, wie sie in Großbritannien beim Brexit und den USA zu beobachten ist. Meinungsvielfalt, Verhältniswahlrecht und Mehrparteiensystem – insgesamt ein auf Ausgleich angelegter Verfassungscharakter – bilden die gesellschaftliche und politische Realität ab und schaffen die Möglichkeit, auch kritische Positionen frei zu vertreten.

Alle diese Bedingungen werden in der neuen Auflage ergänzend aufgearbeitet und schaffen so einen Überblick über die aktuelle politische und staatliche Grundordnung.

Dieses geschieht nicht in umfänglicher Ausführlichkeit, in epischer Breite, sondern wie gewohnt in kompakter, auf das Wesentliche konzentrierter Form. Die Reduzierung auf die sachlich bedeutenden Kernaussagen wird unterstützt durch eine klare logische Gliederung. So ist es möglich, die verschiedenen Aspekte eines Themas überblickartig zu erfassen und im Zusammenhang abzuwägen.

Ein umfangreiches Stichwortverzeichnis erleichtert die Suche nach einzelnen Begriffen und hilft bei der Beantwortung aktueller Fragen, die bei der Nutzung anderer Medien auftauchen.

Hannover, im Mai 2020 Christoph Wawer

Vorwort zur 1. Auflage

Durch die politischen Veränderungen in den letzten Jahren ist das Staats- und Verfassungsrecht umfangreicher geworden: Einigungsvertrag, Maastrichter Vertrag, Asyl- und Ausländerrecht sind nur die bekannteren Beispiele. Im Umfang mitgewachsen sind auch viele Fach- und Lehrbücher.

Die Beschäftigung mit der Verfassung, dem Grundgesetz und dem Staatsrecht ist für den Bürger, in Schule und Ausbildung kein Selbstzweck und soll es auch nicht sein.

Das vorliegende Buch stellt deshalb die grundlegenden Themen wie Grundrechte, Demokratie, Rechtsstaat, internationale Gemeinschaftsformen u. a. umfassend, jedoch in kurzer und kompakter Form dar.

Es verdeutlicht die rechtlichen, geschichtlichen und politischen Zusammenhänge und will so die Voraussetzungen vermitteln, Themen aus der aktuellen Politik und Maßnahmen der staatlichen Gewalten – eventuell auch berufsbezogen – staats- und verfassungsrechtlich einzuordnen und zu bewerten.

Hannover, im Februar 1997 Christoph Wawer

Inhaltsverzeichnis

Abkürzungsverzeichnis

A	Österreich
Abg.	Abgeordnete (r)
Abs.	Absatz
AEMR	Allgemeine Erklärung der Menschenrechte der UN
AG	Aktiengesellschaft
akt.F.	aktuelle Fassung
ALG	Arbeitslosengeld
AsylG	Asylgesetz
AufenthG	Aufenthaltgesetz
BAMF	Bundesamt für Migration und Flüchtlinge
BGB	Bürgerliches Gesetzbuch
BIP	Bruttoinlandsprodukt
BKA	Bundeskriminalamt
BL	Bundesland
BND	Bundesnachrichtendienst
BPOL	Bundespolizei, ehemals Bundesgrenzschutz (BGS)
BPräs.	Bundespräsident
BRat	Bundesrat
BReg	Bundesregierung
BTag	Bundestag
BVerfG	Bundesverfassungsgericht
BVerfGE	Entscheidungen des BVerfG
CH	Schweiz
CZ	Tschechische Republik
D	Deutschland
DDR	Deutsche Demokratische Republik
d.h.	das heißt
EG	Europäische Gemeinschaft
EMRK	Europäische Menschenrechtskonvention
entspr.	entsprechend
ESM	Europäischer Stabilitätsmechanismus
EP	Europäisches Parlament
ER	Europäischer Rat
ESVP	Europäische Sicherheits- und Verteidigungspolitik
EU	Europäische Union
EuGH	Europäischer Gerichtshof

EWG	Europäische Wirtschaftsgemeinschaft
EWWU	Europäische Wirtschafts- u. Währungsunion
EZB	Europäische Zentralbank
F	Frankreich
FDGO	Freiheitlich Demokratische Grundordnung
f./ff.	folgend(e)
G 10-Gesetz	Gesetz zur Beschränkung des Art. 10 GG
GASP	Gemeinsame Außen- und Sicherheitspolitik
GB	Großbritannien
GG	Grundgesetz der Bundesrepublik Deutschland
GmbH	Gesellschaft mit beschränkter Haftung
GR	Grundrechte
GSVP	Gemeinsame Sicherheits- u. Verteidigungspolitik
GUS	Gemeinschaft Unabhängiger Staaten
i.d.F.	in der Fassung
i.d.R.	in der Regel
IRL	Irland
ISAF	Internationale Afghanistan Schutztruppe
ISL	Island
i.V.m.	in Verbindung mit
JPZS	Justizielle und Polizeiliche Zusammenarbeit in Strafsachen
KPD	Kommunistische Partei Deutschlands
KSZE	Konferenz über Sicherheit und Zusammenarbeit in Europa
LReg.	Landesregierung
lt.	laut
LTag	Landtag
MAD	Militärischer Abschirmdienst
max.	maximal (höchstens)
MdB/MdL	Mitglied des Bundestages/Landtages
MM	Massenmedien
MR	Menschenrechte
NATO	Nordatlantische Verteidigungs-Organisation
NetzDG	Netzwerkdurchsetzungsgesetz
NS/NSDAP	Nationalsozialistisch/-e Deutsche Arbeiterpartei
OK	Organisierte Kriminalität
OSZE	Organisation für Sicherheit u. Zusammenarbeit in Europa
P	Portugal
PC	Personal Computer
PKGr	Parlamentarisches Kontrollgremium

PolG	Polizeigesetz
Rat	Rat der EU/Ministerrat
S	Schweden
s.	siehe
SDÜ	Schengener Durchführungsübereinkommen
SED	Sozialistische Einheitspartei Deutschlands
SGK	Schengener Grenzkodex
SIS II	Schengener Informationssystem II
SLO	Slowakei
sm	Seemeilen
StA	Staatsanwaltschaft
StAG	Staatsangehörigkeitsgesetz
StAng.	Staatsangehörigkeit
StGB	Strafgesetzbuch
StPO	Strafprozessordnung
StVollG	Strafvollzugsgesetz
s. o.	siehe oben
s. S.	siehe Seite
u. a.	und andere
UdSSR	Union der Sozialistischen Sowjetrepubliken
UNO/UN	Vereinte Nationen
USA/US	Vereinigte Staaten von Amerika
usw.	und so weiter
Verf.	Verfassung
vergl.	vergleiche
V-Leute	Verbindungsleute
WRV	Weimarer Reichsverfassung
z. B.	zum Beispiel
z. Z.	zur Zeit

Literaturverzeichnis

Altevers, Ralf	Staatsorganisationsrecht, Alpmann&Schmidt, Münster, 2019
Andersen/Woyke (Hrsg.)	Handwörterbuch des politischen Systems der Bundesrepublik Deutschland, Heidelberg, 2013
Badura	Staatsrecht, 7. Auflage 2018
Bendiek, Annegret	Die Globale Strategie für die Außen- und Sicherheitspolitik der EU, Stiftung Wissenschaft und Politik, SWP-Studie 44, Juli 2016, Berlin
Bendiek, Annegret	Europäische Verteidigungspolitik, Bundeszentrale für politische Bildung, 21.9.2018
Böckenförde	Die Würde des Menschen war unantastbar, in: FAZ v. 03.09.2003, S. 33 ff.
Bundesgerichtshof Pressestelle, Nr. 90/2019	Freisprüche in zwei Fällen ärztlich assistierter Selbsttötungen bestätigt BGH Urteile vom 03.07.2019, Az. 5 StR 132/18 und 5 StR 393/18
Bundesministerium der Verteidigung	Die EU im Einsatz, Veröffentlichungsdatum 21.06.2019
Bundesregierung RegE_Aenderung_NetzDG RegE_Bekaempfung_Hasskriminalitaet	Entwurf eines Gesetzes zur Änderung des Netzwerkdurchsetzungsgesetzes Entwurf eines Gesetzes zur Bekämpfung des Rechtsextremismus und der Hasskriminalität
Bundesverfassungsgericht	– 1 BvR 426/02 v. 11. März 2003, Zur Reichweite der Menschenwürdegarantie (Art. 1 Abs. 1 GG) – 2 BvE 2/09 v. 10. Juni 2014, in: Bundespräsidialamt, Der Bundespräsident, Amt und Aufgaben, Verfassungsrechtliche Grundlagen – 1 BvR 16/13 v. 06. 11. 2019, Recht auf Vergessen I – 1 BvR 276/17 v. 06. 11. 2019, Recht auf Vergessen II – 1 BvL 7/16 v. 05. 11. 2019, Sanktionen im Sozialrecht – 2 BvR 2347/15, 2 BvR 2527/16, 2 BvR 2354/16, 2 BvR 1593/16, 2 BvR 1261/16, 2 BvR 651/16

CRP-Infotec	Militärische Einsätze der NATO, Richter-Publizistik, 10.02.2019
Bundesgesetzblatt, Jg. 2017, Teil I, Nr. 44	Datenschutz-Anpassungs- und Umsetzungsgesetz EU
Ernst, Andreas	Die europäische Grenzwache Frontex wird massiv aufgestockt, Neue Züricher Zeitung, 24.12.2019
EuGH – Gerichtshof der EU – Rechtssache C-131/12	„Personenbezogene Daten – Schutz natürlicher Personen bei der Verarbeitung solcher Daten – Internetsuchmaschinen (...), 13. Mai 2014
Urteil v. 04. 10. 2019, Az. C-18/18	Löschungspflichten für Hosting-Anbieter sinngleicher ehrverletzender Kommentare
Europäische Kommission	Lage der Union 2018, Eine gestärkte und voll ausgerüstete Europäische Grenz- und Küstenwache
Eurostat, Pressemitteilung	EU-Bevölkerung zum 1. Januar 2019 auf über 513 Millionen gestiegen, 114/2019 – 10. Juli 2019
	– Grenzschutz an den Außengrenzen, 05-2019 – Raum der Freiheit, der Sicherheit und des Rechts: Allgemeine Aspekte, 05-2019 – wissenschaftlicher Dienst, EU-Ausblick 2018 zu Frieden und Sicherheit – Briefing, Sicherheit und Verteidigung, 03.2017
EU-Rat der EU Pressemitteilung	Europäische Grenz- und Küstenwache: Rat bestätigt Einigung über stärkeres Mandat, 1. April 2019
Grundgesetz der Bundesrepublik Deutschland i. d. F. 20. 11. 2019	
Hofer	Der Nationalsozialismus – Dokumente 1933–1945, Ffm. 1977
Lijnden, Constantin van	Karlsruher Urteil, Eine Magna Charta für das Internet, FAZ 27. 11. 2019
Lippert, Barbara/ Ondarza, Nicolai von/ Perthes, Volker (Hg.)	Strategische Autonomie Europas, Akteure, Handlungsfelder, Zielkonflikte, SWP-Studie 2019/S 02, Februar 2019
Das Datenschutz-Blog	Google-Urteil des EuGH: Datenschutz und Informationsfreiheit

Degenhart, Christoph	Staatsrecht I. Staatsorganisationsrecht, Mit Bezügen zum Europarecht, 35. Auflage 2019
Deutscher Bundestag, Datenhandbuch DHB, Kapitel 6.3	Bundesministerien – Minister und Staatssekretäre 16. 09. 2019
DHB, Kapitel 13.2	Deutscher Bundestag, Grundgesetz-Änderungsgesetze 14. 05. 2019
Deutscher Bundestag	– Die Kontrolle des Bundestags über die Umsetzung von Gesetzen, Wissenschaftlicher Dienst 3 - 3000 - 208/19, 28. 08. 2019 – Bekanntmachung der öffentlichen Liste über die Registrierung von Verbänden und deren Vertretern, 9. Mai 2019 – Gesetzliche Mietpreisregulierung durch die Länder aufgrund der Gesetzgebungskompetenz für das Wohnungswesen, WD 3 - 3000 - 029/19 – Vorgaben der Dublin-III-Verordnung und des Schengener Grenzkodex, PE 6 - 3000 - 107/18
Gareis, Sven Bernhard	UNO – Stärken und Schwächen einer Weltorganisation, Bundeszentrale für politische Bildung 15. 7. 2015
Gieselmann, Hartmut	In der Monopolfalle, Kommentar: Soziale Netzwerke, c't 13/2019
Hannover, Region	jobcenter, Leistungsgewaehrung
Kahl / Waldhoff / Walter (Hrsg.)	Bonner Kommentar zum Grundgesetz, 2019
Kürschners	Volkshandbuch zum 19. Deutschen Bundestag, 10. 08. 2019
Ipsen	– Staatsrecht I, Staatsorganisationsrecht; 31., überarbeitete Auflage 2019 – Staatsrecht II, Grundrechte, 22., überarbeitete Auflage 2019
IStGH	Völkerstrafrecht I Internationaler Strafgerichtshof

Katz / Sander	Staatsrecht, Grundlagen, Staatsorganisation, Grundrechte, 19. Auflage 2019
Landesarbeitsgericht Düsseldorf, 8 Sa 764/13	Höhe der Vergütung einer Schulbusbegleitung v. 19. 08. 2014
Leibholz / Rinck	Grundgesetz, Rechtsprechung des Bundesverfassungsgerichts, Kommentar, 79. Aktualisierung 2019
Major, Claudia	Die Rolle der Nato für Europas Verteidigung, Stiftung Wissenschaft und Politik, SWP-Studie 25, November 2019, Berlin
Maunz / Dürig	Grundgesetz, Kommentar, 88. Auflage, 2019
Morgen, Sven	Die NATO Deutschland im Bündnis, Bundeszentrale für politische Bildung, 05. 07. 2019
Österreichisches Bundesministerium für Europa, Integration und Äußeres	EU Globalstrategie, o. J. abgerufen 23. 12. 2019
Rezo	Was soll ich in einer Partei? Mit Kommentar von Bundespräsident F.-W. Steinmeier, DIE ZEIT, 03. 12. 2019
Schellnhuber / Sprinz	Umweltkrisen und internationale Sicherheit, Potsdam – Institut für Klimafolgenforschung e. V. 1994
Wiedmann-Schmidt, Wolf	Netzwerkdurchsetzungsgesetz – Soziale Medien müssen Hasspostings künftig dem BKA melden, Spiegel-Online 06. 12. 2019
Staatsangehörigkeitsgesetz, i. d. F. v. 09. 08. 2019	
Verbraucherzentrale NRW	Facebook Messenger umgehen: Nachrichten lesen ohne Zwangs-App, Stand: 13. 08. 2018
Varwick, Woyke	Handwörterbuch Internationale Politik, 13. Auflage, 2015
Wetzling, Thorsten	BND-Affäre, Großbaustelle Geheimdienstkontrolle, FAZ.NET, 30. 04. 2015

I. Der Staat

1. Begriff und Aufgaben

a) Was ist der Staat?

Was einen Staat ausmacht, ist nicht fest definiert. Es ist oft von den herrschenden politischen, sozialen, nationalen, auch religiösen Einstellungen abhängig. Im Allgemeinen wird der Staat durch seine Aufgaben bestimmt.

b) Aufgaben des Staates

- Wahrung der äußeren Sicherheit: internationale Verträge, Verteidigung
- Wahrung der inneren Sicherheit: Gesetze, Verwaltung, Polizei, Gerichte
- Förderung des Gemeinwohls: eine gerechte Sozial- und Wirtschaftsordnung, Bildung und Kultur

Diese weitgehend funktionsbezogene Bestimmung des Staates – manche sprechen vom Staat als Dienstleistungsunternehmen – muss durch grundlegende gemeinschaftsbezogene Elemente ergänzt werden.

c) Elemente des Staates

„*Wir* sind das Volk!“

„Wir sind *ein* Volk!“

Beide Sätze prägten vor über 30 Jahren den friedlichen Aufstand der Deutschen in der DDR für eine vom Volke ausgehende Staatsgewalt, für die staatliche Wiedervereinigung Deutschlands und für ein vereintes deutsches Volk.

Die 3 Elemente des Staates, die sich hier äußern, sind:

– Staatsgebiet – Staatsvolk – Staatsgewalt –

Der Staat wird damit begrifflich durch 3 Elemente bestimmt.

2. Staatsgebiet

Das Staatsgebiet ist der umgrenzte Bereich der Erdoberfläche, in dem das Staatsvolk unter der Hoheit des Staates, der Staatsgewalt, lebt.

a) Räumlich zugeordnete Bereiche

Zum Staatsgebiet gehören:
- die Erdoberfläche innerhalb der Staatsgrenzen
- das Erdinnere (in Richtung Erdmittelpunkt)
- der Luftraum (nicht das Weltall)
- die Hoheitsgewässer von 12 Seemeilen (sm) vor Küstenstaaten für Kontroll- und Polizeirechte
- die 24 sm-Anschlusszone für wirtschaftliche Rechte
- der Festlandsockel bis zu 350 sm
- Schiffe auf hoher See, Flugzeuge im freien Luftraum

b) Exterritorialität

Nicht der Gebietshoheit unterstehen Vertreter und Vertretungen
- ausländischer Staatsorgane und Verwaltungen:
  Staatsgäste, Botschafter, Diplomaten, Streitkräfte, Polizeien
- völkerrechtlicher Organisationen: UN, EU, Europarat u. a.

3. Staatsvolk – Staatsangehörigkeit (StAng.)

In jedem Staat leben neben den Staatsangehörigen, den Staatsbürgern, Personen mit anderer Volks- und Staatsangehörigkeit.

Unterschieden wird deshalb zwischen folgenden Begriffen:

Bevölkerung:

Alle in- und ausländischen Personen mit Wohnsitz im Staatsgebiet

Staatsvolk/Staatsbürger – rechtliche Bestimmung:

Alle Personen mit der Staatsangehörigkeit des jeweiligen Staatsgebietes

Nation/Volk – kulturelle Bestimmung:

Alle Personen mit derselben Volkszugehörigkeit. Grundlage ist die gemeinsame Sprache, Kultur, Geschichte, Abstammung.

In *Nationalstaaten* sind Staatsvolk und Nation gleich.

In *Nationalitätenstaaten* besteht das Staatsvolk aus mehreren Nationalitäten.

Der Erwerb der Staatsangehörigkeit:

- *Mit Geburt* erwerben die Kinder nach dem
  - *Abstammungsprinzip* die StAng. der Eltern oder eines Elternteils,
  - *Territorialprinzip* die StAng. des Geburtslandes/-staates.
- *Durch Einbürgerung* auf eigenen Antrag ab dem 16. Geburtstag.

a) Die deutsche Staatsangehörigkeit

Der Erwerb der deutschen Staatsangehörigkeit erfolgt nach dem Staatsangehörigkeitsgesetz (StAG) vom 1. Januar 2000 durch

Geburt:

- Für Kinder mit einem *deutschen* Elternteil gilt das Abstammungsprinzip.
- In Deutschland geborene Kinder ausländischer Eltern können seit 2014 die doppelte Staatsbürgerschaft besitzen, wenn sie
  - bis zum 21. Geburtstag mind. 8 Jahre im Land gelebt haben
  - oder in Deutschland 6 Jahre lang eine Schule besucht haben oder
  - oder einen deutschen Schul- oder Berufsabschluss nachweisen.

Adoption: mit Annahme als Kind durch einen Deutschen

Art. 116 Abs. 1 GG als Flüchtling oder Vertriebener

Einbürgerung (auf Antrag):

Die Anspruchseinbürgerung besteht unter folgenden Voraussetzungen:

- acht Jahre legaler Aufenthalt in Deutschland
- Besitz einer unbefristeten Aufenthaltserlaubnis oder -berechtigung, z. B. EU-Bürgerschaft oder gleichgestellte europäische Staatsangehörigkeit
- Sicherstellung des Lebensunterhaltes ohne ALG II oder Grundsicherung[1]
- ausreichende deutsche Sprachkenntnisse für das tägliche Leben
- Bekenntnis zur freiheitlich-demokratischen Grundordnung des GG
- bestandener Einbürgerungstest zur Rechts- und Gesellschaftsordnung sowie zu den Lebensverhältnissen in Deutschland

---

1 ALG (Arbeitslosengeld) II, Grundsicherung s. S. 102 f.

Einordnung in die deutschen Lebensverhältnisse; Mehr-Ehen sind untersagt[2]

- Straflosigkeit – außer „Bagatelldelikten“
- Aufgabe der bisherigen Staatsangehörigkeit
- Ausnahmen bilden z. B. die Mehrstaatigkeit bei allen EU-Bürgern

Die Ermessenseinbürgerung beinhaltet Erleichterungen z. B. für Familienangehörige von Ausländern mit Einbürgerungsanspruch, Ehegatten und eingetragene Partner von Deutschen, ältere Ausländer, Asylberechtigte und anerkannte Flüchtlinge sowie Staatenlose.

Der Verlust der deutschen Staatsangehörigkeit

- Dieser erfolgt mit Erwerb einer ausländischen StAng. (Ausnahme EU-Bürger).
- Der Betroffene darf nicht staatenlos werden (Art. 16 Abs. 1 GG).
- Deutsche mit Doppelpass, die sich an Kampfhandlungen einer terroristischen Vereinigung im Ausland beteiligen, verlieren die StAng.[2]
- Einbürgerungen aufgrund rechtswidriger falscher Angaben zur Identität oder StAng. können innerhalb von 10 (früher 5) Jahren zurückgenommen werden.[2]

b) Die Bedeutung der Staatsangehörigkeit

Die Staatsangehörigen besitzen gegenüber dem Staat folgende

Rechte:

- *Grundrechte*, an die der Staat gebunden ist
- *politische Rechte*, die die Volkssouveränität garantieren, etwa das Wahlrecht, den freien Zugang zu allen öffentlichen Ämtern
- *staatliche Leistungen* wie Rechtsschutz, sozialstaatliche Leistungen

Pflichten:

- *Treuepflicht* gegenüber dem Staat, keine Schädigung seiner Interessen
- *Gehorsamspflicht* gegenüber Verfassung, Gesetzen, Rechtsverordnungen
- *sachliche Leistungspflicht* z. B. durch Steuern, Abgaben sowie
- *persönliche* – z. B. durch öffentliche Ehrenämter, Zeugnis vor Gericht

2 Ergänzungen im StAG – im Kraft getreten zum 09. 08. 2019.

4. Staatsgewalt

Die Staatsgewalt *herrscht* im Staatsgebiet über alle Personen und Sachen.

Das *„Gewaltmonopol" ist* das alleinige Recht zur Ausübung von Herrschaftsgewalt und Macht. Dieses besitzt ausschließlich die Staatsgewalt.

Weitere Kennzeichen der Herrschaftsgewalt sind *in modernen Staaten:*

- *Gewährung* von Leistungen an die Menschen (z. B. sozialstaatliche –)
- *Lenkung* und Anleitung zu einem erwünschten Verhalten, z. B. in wirtschaftlicher, sozialer, umweltschonender Hinsicht

„Zerfallende Staaten" besitzen nicht mehr die Herrschaft im Staatsgebiet.

Zur Durchsetzung ihrer Herrschaft muss die Staatsgewalt

- *souverän sein*: Sie ist die höchste Herrschaftsinstanz im Staate.
- *umfassend sein*: Sie erstreckt sich auf alle Personen und Sachen.
- *ursprünglich sein:* Sie ist Ursprung aller anderen staatlichen Gewalten, die sich von ihr ableiten müssen.
- *einheitlich sein*: Sie ist die einzige und alleinige Macht im Staate. Sie kann aber nach Funktionen aufgeteilt sein.

Im demokratischen Rechtsstaat ist die Staatsgewalt gebunden:

- an die Volkssouveränität: „Alle Staatsgewalt geht vom Volke aus."
- an die Verfassung mit den Grundrechten, an Gesetz und Recht
- Die Staatsgewalt ist in sich gegenseitig kontrollierende Gewalten geteilt:
  - horizontal in Gesetzgebung, vollziehende Gewalt, Rechtsprechung
  - vertikal in Bund und Länder

5. Staats- und Regierungsformen

Die **Staatsform** zeigt, wie ein Staat sich darstellt, wer ihn repräsentiert:
Das Staatsoberhaupt ist in der

Monarchie:	ein Monarch durch Erbfolge: Kaiser, König u. a.,
Republik:	ein auf Zeit gewählter Präsident.

Die **Regierungsform** zeigt, wer die Macht besitzt und wie sie ausgeübt wird:

Monarchie

– *absolute Monarchie*:	Die Macht liegt allein beim Monarchen.
– *beschränkte Monarchie*:	Die Macht des Monarchen ist beschränkt
– ständische Monarchie:	– durch Stände, Adel, Klerus, Bürger,
– konstitutionelle Monarchie:	– durch eine Verfassung,
– parlamentarische Monarchie:	– durch ein übergeordnetes Parlament.

Republik

Demokratie:	Die Macht wird vom Volke ausgeübt
– unmittelbare Demokratie:	– durch das Volk selbst,
– mittelbare Demokratie:	– durch vom Volk gewählte Vertreter,
– parlamentarische D.:	– durch gewählte Parlamentarier,
– Präsidialdemokratie:	– durch einen gewählten starken Präsidenten und gewählte Parlamentarier.

Diktatur – entartete Form der Republik

	Die Macht liegt ausschließlich
– Ein-Mann-Diktatur:	– bei einem Diktator,
– Partei-Diktatur:	– bei *einer* Partei,
– Militär-Diktatur:	– beim Militär.

Die Einteilung ermöglicht eine allgemeine Zuordnung von Staaten. Oft entsprechen jedoch die öffentlichen Bekenntnisse eines Staates zu Demokratie und Parlamentarismus nicht den tatsächlichen politischen Verhältnissen.

II. Geschichte der Grundrechte

1. Aufklärung und Herrschaftsordnung

„Aufklärung ist der Ausgang des Menschen aus seiner selbstverschuldeten Unmündigkeit. Unmündigkeit ist das Unvermögen, sich seines Verstandes ohne Leitung eines anderen zu bedienen“ (Kant, 1784).

Kant, Lessing, Herder, Voltaire, Locke und andere Aufklärer glaubten, durch den Gebrauch des Verstandes, der Vernunft, die mittelalterliche *Herrschaftsordnung nach Ständen* zu verändern.

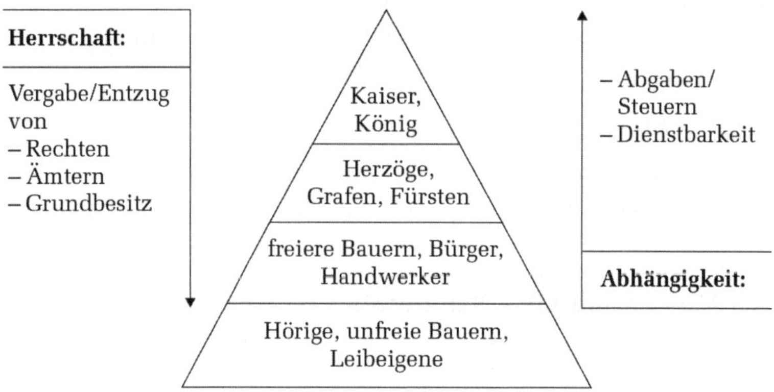

In der Gegenwart finden sich *ähnliche Hierarchien* in Diktaturen, an deren Spitze etwa ein politischer, religiöser, militärischer Herrscher steht, ein „Führer“, ein „Geliebter Führer“, „Großer Vorsitzender“, „Duce“, „Máximo Líder“, „Generalissimus“, „Retter des Vaterlandes“ usw.

Die Untertanen haben keine oder kaum Freiheits-, Gleichheits- oder Schutzrechte wie im europäischen Mittelalter:

Ungleichheit:

Durch Geburt und „von Gottes Gnaden“ unabänderlich vorbestimmt.

Unfreiheit:

persönlich:	verkäuflicher Besitz des Herrschers, ortsgebunden, bis in den intimen Bereich vom Willen des Herrn abhängig
wirtschaftlich:	kein Grundbesitz für das Volk, nur Pacht, Lehen, gegen Verpflichtungen zu Abgaben, Diensten, Frondienste
religiös:	Herrscher bestimmt die Religion (heute auch Ideologie).
politisch:	Herrschaft ist gottgewollt, vorbestimmt, absolut, richtig.

Schutzlosigkeit:

Die absolute Macht liegt beim Herrscher durch die Gewalteneinheit:

- Er legt *seine* Gesetze selber fest → Abgaben, Steuern, Dienste,
- setzt *seine* Gesetze selber durch → Verwaltung, Polizei, Militär,
- richtet und urteilt eigenmächtig gemäß *seinen* Gesetzen.

Ziele der Aufklärung:

- Die Unterdrückung des Menschen durch den Menschen zu beseitigen.
- Allen Menschen ihre angeborenen Menschenrechte zurückzugeben.

2. Menschenrechte – Naturrechte

Menschenrechte gelten

- als *Naturrechte*: Rechte, die der menschlichen Natur angeboren, unveränderlich, unveräußerlich innewohnen,
- *universell* für alle Menschen in allen Völkern, Staaten und Kulturen – allein auf Grund des weltlichen „Menschseins",
- *unabhängig* von Weltanschauungen, Ideologien oder Religionen, unabhängig von Herrschaftsordnungen, staatlichen Gesetzen, Titeln.

Jeder Mensch besitzt für sich – als Individuum –

- Freiheit und Selbstbestimmung,
- Leben, körperliche Unversehrtheit, Eigentum u. a. Schutzrechte
- in gleicher Weise.

Als materielles überstaatliches Recht hat der Staat Naturrechte zu *gewährleisten.* Sie stehen dem *positiven*[1] Recht gegenüber; den vom Staat gesetzten Normen, die er gewähren oder verwehren kann.

Die Idee der Naturrechte findet ihre konkrete rechtliche Umsetzung in den *Grund- und Menschenrechten* demokratischer Verfassungen ab 1776.

3. Amerikanische Unabhängigkeitserklärung – 1776

1620 landeten religiös verfolgte Puritaner aus England in Amerika. Hunderttausende politisch, religiös, rassistisch verfolgte Europäer folgten.

1776: Amerikanische Unabhängigkeitserklärung (gekürzt zitiert):

- *Staatliche Unabhängigkeit* vom Mutterland England
- *Grundrechte* gelten nur für Weiße. Sie schreiben fest,
  dass alle Menschen gleich geschaffen sind,
  dass sie mit unveräußerlichen Rechten ausgestattet sind,
  dass dazu Leben, Freiheit und Streben nach Glück gehören.
- *Zur Sicherung dieser Rechte* werden Regierungen eingesetzt, die ihre Macht aus der Zustimmung der Regierten herleiten.
  Es ist das Recht des Volkes, eine neue Regierung einzusetzen, wenn immer eine Regierung die Rechte der Regierten missachtet.

4. Französische Revolution – 1789 Erklärung der Menschen- und Bürgerrechte

Als der französische König erneut Steuererhöhungen ankündigte, rief das Volk, der 3. Stand, zur Revolution gegen die Herrschaft des Adels auf. Leibeigenschaft, Standesunterschiede, Adelsvorrechte wurden abgeschafft.

Am 14. 7. 1789 wurde die Bastille, die königliche Festung in Paris, gestürmt. Heute ist der 14. Juli Nationalfeiertag in Frankreich.

Die Ziele der Französischen Revolution

„Freiheit – Gleichheit – Brüderlichkeit“

Die „Erklärung der Menschen- und Bürgerrechte“ vom 4. 8. 1789 legt fest:

- „Die Menschen sind frei und gleich … geboren und bleiben es.“

1 Lat.: ponere (positum) setzen, stellen, legen.

- Brüderlichkeit hindert die Ausübung der Freiheit zum Schaden anderer.
- Geschützt werden Leben, Eigentum, Sicherheit bei Haft u. a. Rechte.
- Die Grundrechte
  - sind gesetzlich geschützt und einklagbar,
  - binden die vom Volk gewählte Legislative, Exekutive und Judikative.

5. Deutsche Revolution und Paulskirchenverfassung – 1848/49

In den Befreiungskriegen, die die europäischen Mächte gegen Napoleon führten, unterstützte in den „deutschen" Kleinstaaten das Bürgertum die adeligen Machthaber in der Hoffnung auf nationale Einheit, Grundrechte und Rechtsstaatlichkeit, auf

„Einigkeit und Recht und Freiheit".

Dennoch stellte der Wiener Kongress nach dem Sieg über Napoleon die feudalen Herrschaftsverhältnisse wieder her (Restauration).

In der *Märzrevolution von 1848* wurde der Adel entmachtet und eine *verfassunggebende deutsche Nationalversammlung in die Frankfurter Paulskirche* gewählt. Die Volksvertreter aus den 39 deutschen Einzelstaaten einigten sich auf einen ausführlichen Grundrechtskatalog für die

Paulskirchenverfassung

- *Alle Deutschen* besitzen angeborene und unveräußerliche Grundrechte.
- Die Grundrechte sind vom Staat zu *gewährleisten.*
- *Freiheitsrechte* beziehen sich auf die Person, Glauben und Gewissen, Meinung und Presse, Vereinigungen, Versammlungen, Freizügigkeit u. a.
- *Schutzrechte* beziehen sich auf Leben, körperliche Unversehrtheit, Eigentum, Brief- und Postverkehr, Wohnung, Freiheitsentzug u. a.
- *Gleichheitsrechte* sind nicht nur *angeboren;* der (Rechts-)Staat ist verpflichtet, Gleichheit vor dem Gesetz herzustellen.
  Der Adel als Stand ist mit seinen Vorrechten auf höhere Ämter aufgehoben. Jedem Bürger stehen bei entsprechender Qualifikation alle öffentlichen Ämter zu.
  Allgemeine Schulen sind ein erster Schritt zur Chancengleichheit.

Da der Adel die Revolution blutig niederschlug, trat die Paulskirchenverfassung nicht in Kraft. Sie wurde für das Grundgesetz zum Vorbild.

6. Deutsche Reichsverfassung – 1871

Deutschlands nationale Einigung vollendeten die deutschen Fürsten 1871 im Krieg gegen Frankreich mit der Krönung Wilhelm I. in Versailles. Die Verfassung des Kaiserreichs enthält keine Grundrechte. Sie werden in den Länderverfassungen und Gesetzen (StPO, Gewerbeordnung u. a.) gewährt.

7. Weimarer Reichsverfassung (WRV) – 1919

1918 war Deutschland besiegt. Der Kaiser musste abdanken. Die junge Demokratie musste den *Versailler Vertrag*, das „Friedensdiktat“, unterschreiben. Extreme Linke und Rechte bekämpften die „ungeliebte“ Demokratie radikal. Die WRV wurde in dieser Zeit äußerster Unruhen in der Stadt Weimar erarbeitet. Sie gibt der staatlichen Gewalt eine starke Stellung:

- Grundrechte sind im 2. Teil den Staatsorganen im 1. Teil nachgeordnet.
- Grundrechte gelten als Bürgerrechte nur für Deutsche.
- Sie werden im Rahmen der Gesetze gewährt, nicht gewährleistet.
- Die staatliche Gewalt ist damit nur mittelbar an die Grundrechte gebunden, die keine oberste Rechtsnorm sind.
- Staatliche Eingriffe in die Grundrechte sind nur auf dem allgemeinen Rechtsweg einklagbar.
- Bei erheblicher Störung (!) oder Gefährdung der öffentlichen Sicherheit und Ordnung kann der Reichspräsident Grundrechte außer Kraft setzen.

1933 ermöglichte die ausschließlich gesetzliche Gewährung der Grundrechte den Nationalsozialisten, ihre Abschaffung als Recht zu propagieren.

8. Grundgesetz der Bundesrepublik Deutschland (GG) – 23. 5. 1949

1945: Deutschland musste als Folge der rücksichtslosen Kriegsführung und der millionenfachen Vernichtung „nichtarischen“ Lebens durch das NS-Regime *„bedingungslos“*, damit ohne Rechte kapitulieren.

1949 spaltete der Ost-West-Konflikt Deutschland in zwei Staaten. Um den provisorischen Charakter beider Staaten und den Willen zur deutschen Wiedervereinigung zu betonen, benannte die verfassungsgebende Versammlung, der *Parlamentarische Rat*, die neue Verfassung: „Grundgesetz“.

In Abgrenzung zur WRV, die die Machtergreifung der NSDAP begünstigte, schränkte das Grundgesetz die staatliche Gewalt stärker ein.

Das Grundgesetz

- betont die unantastbare Menschenwürde und die unverletzlichen und unveräußerlichen Grundrechte im 1. Artikel.
- Die Grundrechte sind Menschenrechte bis auf die in Art. 8, 9, 11, 12 GG.
- Die Grundrechte sind unmittelbar geltendes Recht, als oberste Rechtsnormen jedem Gesetz übergeordnet.
- Die Grundrechte binden die drei Gewalten, die Gesetzgebung, vollziehende und rechtsprechende Gewalt – Art. 1 GG und 20 GG.
- Diese Grundsätze und der Wesenskern der Grundrechte sind unantastbar.
- Staatliche Eingriffe in die Grundrechte kann jedermann bis vor das Bundesverfassungsgericht als unabhängigem Staatsorgan verfolgen.

III. Internationale Menschenrechtserklärungen

1. UN-Charta und Allgemeine Erklärung der Menschenrechte

Am *26. 6. 1945* gründeten 50 Staaten die UN als Staatenbund.

2020 gehören der UN 193 Staaten an.

Die UN-Charta fordert in Art. 1: „Die Achtung vor den Menschenrechten und den Grundfreiheiten für alle … zu fördern und zu festigen …"

Die *„Allgemeine Erklärung der Menschenrechte"* (AEMR) vom Dezember 1948 betont in der Präambel die angeborene Würde und die gleichen und unveräußerlichen Rechte aller Mitglieder der Gemeinschaft der Menschen.

Die 30 Artikel der AEMR sind nach drei Gruppen unterteilt:

- Individuelle Rechte wie Leben, Freiheit, persönliche Sicherheit, Gleichheit vor dem Gesetz, Gewissens- und Religionsfreiheit …
- Politische Rechte wie Versammlungs- und Vereinigungsfreiheit, Gewerkschaften anzugehören, politische Vertreter frei zu wählen …
- Wirtschaftliche, soziale und kulturelle Rechte wie das Recht auf Arbeit, freie Berufswahl, auf einen Lebensstandard, der das materielle und soziale Wohl einer Familie gewährleistet, das Recht auf Bildung …

Der *Rat für Menschenrechte* (MRR) wurde 2006 gegründet.

- Er überprüft alle UN-Staaten regelmäßig auf ihre MR-Verpflichtungen.
- Sonderverfahren und -berichte betreffen MR-Verletzung durch Staaten und kritische MR-Themen wie Migration und Kinderhandel.
- Resolutionen des Menschenrechtsrates verurteilen MR-Verletzungen und schaffen eine weltweite Öffentlichkeit. Sanktionen kann die Generalversammlung empfehlen und der Sicherheitsrat der UN beschließen.

Innerstaatliche Konflikte haben in den letzten Jahren Millionen Opfer gefordert. Das Prinzip der „Nichteinmischung in die inneren Angelegenheiten eines Staates" wird deshalb zum Schutz der Menschenrechte immer weiter eingeschränkt.

Seit 2013 fordern Brasilien und Deutschland eine UN-Resolution für mehr Datenschutz im Internet, um die Menschenrechte auch „online" zu wahren und Überwachungspraktiken zu sanktionieren. Die Menschenrechte auch im Bereich informationstechnischer Systeme durchzusetzen, ist eine der zukünftigen Aufgaben der UN.

2. Europarat: Konvention zum Schutz der Menschenrechte und Grundfreiheiten (EMRK)

1949 gegründet. *2020* gehören dem Europarat 47 Mitglieder an.[1] (s. S. 131)

Die *EMRK* konkretisiert die Freiheits-, Gleichheits- und Schutzrechte.

Sie ist *verbindliches Recht*, seit *1952* in Deutschland.[2]

Vor dem **Europäischen Gerichtshof für Menschenrechte** (EGMR) besitzt *jedermann* nach Ausschöpfung des nationalen Rechtsweges das Klagerecht.

Die *Urteile* sind völkerrechtlich bindend – ihre Umsetzung wird überwacht. Der verurteilte Staat hat den ursprünglichen Zustand wiederherzustellen. Urteile des EGMR regeln die Anwendung staatlichen Rechts.

3. OSZE Organisation für Sicherheit u. Zusammenarbeit in Europa – bis 1994 KSZE – Konferenz für... –

1975 beschlossen 35 europäische Staaten sowie Kanada u. die USA *die Schlussakte von Helsinki* mit drei „Dimensionen“:

- sicherheitspolitisch militärische Dimension
  - Rüstungskontrolle, Krisen- und Konfliktmanagement
  - vertrauens- und sicherheitsbildenden Maßnahmen
- wirtschaftliche, technische und ökologische Dimension
- humanitäre Dimension- überwacht durch 3 Hauptinstitutionen

Seit 1992 ist die OSZE eine regionale Organisation der UN mit

3 Hauptinstitutionen:

- Büro für demokratische Institutionen und Menschenrechte
  - internationale Wahlbeobachtung als bekannteste Aufgabe
  - Überwachung der Verpflichtungen zu den Menschenrechten
  - Unterstützung von Missionen zum Aufbau demokratischer Strukturen

---

1 Russland werden 2014 nach der Krim-Annexion das Stimmrecht in der Parlamentarischen Versammlung und andere Rechte aberkannt. 2019 erhält es sein Stimmrecht zurück.

2 Bestätigt 2004 durch BVerfG – 2 BvR 1481/04 –

- Hoher Kommissar für nationale Minderheiten
  - Vermeidung von Konflikten auf Grund ethnischer Spannungen
- Beauftragter für die Freiheit der Medien
  - Sicherung der Meinungs-, Informations- und Medienfreiheit

Feldmissionen in der Ukraine, in Moldau oder Tadschikistan

4. „Charta der Grundrechte" der Europäischen Union

Am 7. 12. 2000 wird die „Charta der Grundrechte" proklamiert.

Untergliedert sind die 54 Menschenrechtsartikel in 7 Kapitel (Auszüge):

I. Würde des Menschen (Art. 1), Rechte auf Leben, körperliche und geistige Unversehrtheit, Schutzrechte in Medizin und Biologie

II. Freiheiten: bürgerliche, politische und wirtschaftliche –

III. Gleichheit: – vor dem Gesetz, Diskriminierungsverbot, Kinderrechte

IV. Solidarität: Schutz von Familien- u. Berufsleben, Verbrauchern, Umweltschutz

V. Bürgerrechte: Wahlrecht, Petitionsrecht, Recht auf gute Verwaltung

VI. Justizielle Rechte: Unschuldsvermutung, Verteidigungsrechte

VII. Allgemeine Bestimmungen: Geltungsbereich

Die „Charta der Grundrechte" sollte Teil der EU-Verfassung werden. Mit deren Scheitern musste ein neuer rechtlicher Rahmen gefunden werden.

Der „Vertrag über die EU", Lissaboner Vertrag, enthält die „Charta der Grundrechte", die hiermit ab 2009 rechtsverbindlich ist. Die Grundrechte sind vor dem EU-Gerichtshof und dem Europäischen Gerichtshof für Menschenrechte einklagbar.

IV. Grundrechte

1. Bedeutung und Funktion[1]

Die „unverletzlichen und unveräußerlichen Menschenrechte“ werden im Allgemeinen als Schutzrechte vor dem Staat bestimmt. Sie sollen Machtmissbrauch und staatliche Willkür verhindern.

Als *subjektives Recht*[2] begründen die Schutzrechte *für jeden Menschen* einen *Rechtsanspruch gegenüber dem Staat.*

a) Funktion der Grundrechte (GR):

Grundrechte sind

Abwehrrechte des Bürgers gegenüber dem Staat; sie

- schaffen einen staatsfreien Raum zur privaten und öffentlichen Entfaltung, soweit die Rechte anderer und die der Gemeinschaft geachtet werden,
- binden die staatliche(n) Gewalt(en),
- sind gegen den Staat auf dem Klageweg durchsetzbar.

Mitwirkungsrechte in der Demokratie und

Teilhaberechte an staatlichen Leistungen, normiert durch Gesetz.

Als *Ausdruck einer objektiven Wertordnung* bilden die Grundrechte die unmittelbare Basis der Rechtsordnung. Über ihre originäre Funktion hinaus beeinflussen sie als *Drittwirkung* den privaten und geschäftlichen Rechtsverkehr.

b) Grundrechte: Freiheits-, Gleichheits-, Schutzrechte

Die einzelnen Grundrechte beinhalten Freiheits-, Gleichheits-, Schutzrechte.

Die Zuordnung ist im Stichwortverzeichnis → Grundrechte aufgeführt.

---

1 Siehe auch: Menschenrechte – Naturrechte, s. S. 26.

2 objektives Recht: die objektive Rechtsordnung als Gesamtheit

c) Träger von Grundrechten

natürliche Personen:

- Alle lebenden Menschen besitzen Grundrechte.
- Bei Minderjährigen richtet sich die Ausübung (!) der GR nach dem persönlichen Entwicklungs- und Reifegrad, der Grundrechtsmündigkeit.
- Werdendem Leben und den Toten stehen Grundrechte im Einzelfall zu.

juristische Personen:

- Personenmehrheiten mit eigener Rechtsfähigkeit, die z.B. im Vereins- oder Handelsregister eingetragen sind, besitzen Grundrechte, soweit diese dem „Wesen" nach anwendbar sind.

d) Grundrechte – Menschenrechte – Bürgerrechte

In den einzelnen GG-Artikeln werden die Grundrechtsträger unterteilt:

Menschenrechte oder *Jedermannsrechte* besitzt jeder Mensch unabhängig von der Staatsangehörigkeit.

Bürgerrechte stehen nur den eigenen Staatsangehörigen zu.

e) Schutzbereich der Grundrechte

Das Bundesverfassungsgericht verwendet den Begriff des Schutzbereichs in der Rechtsprechung, um Eingriffe des Staates in die Grundrechte zu prüfen.

Der Schutzbereich eines Grundrechts bestimmt diejenigen Lebensbereiche, die das jeweilige Grundrecht besonders schützt.

- Der *persönliche* Schutzbereich bestimmt den Grundrechtsträger.
- Der *sachliche* Schutzbereich bezeichnet die geschützten Rechtsgüter, Verhaltensweisen oder Lebensbereiche.

Wenn auch der Begriff „Schutzbereich" zunehmend in der juristischen Literatur Verwendung findet, so ist der Wesensgehalt[3] eines Grundrechts nicht auf den Schutzbereich zu reduzieren.

---

3 Art. 19 Abs. 2 GG

2. Grundrechtsschranken

„Was Du nicht willst, das man Dir tu' –
das füg' auch keinem anderen zu!"

Dieser überlieferte Spruch verdeutlicht, dass ein friedliches und menschliches Miteinander – damals wie heute – in der Beschränkung der eigenen Rechte und in der Achtung der Rechte anderer und der Gemeinschaft beruht.

Das Grundgesetz beschränkt in diesem Sinne die Grundrechte des Bürgers.

3 Arten von Grundrechts-Schranken unterscheidet das GG:

- *Verfassungsvorbehalt,* auch *Verfassungsunmittelbare Schranke* Art und Inhalt der Grundrechtsbeschränkung sind unmittelbar im Grundrechts-Artikel bestimmt.
- *Gesetzesvorbehalt,* auch *Vorbehaltsschranke* Art und Inhalt der GR-Beschränkung legt erst der Gesetzgeber fest.
  - einfacher Gesetzesvorbehalt: Verweis auf ein Gesetz: „durch – oder aufgrund eines Gesetzes"[4] ohne inhaltliche Beschränkung
  - qualifizierter Gesetzesvorbehalt: inhaltliche Beschränkungen im Grundrecht begrenzen Art und Umfang gesetzlicher Festlegungen.
- *Grundrechtsimmanente Schranke* (ungeschrieben) Der Inhalt der Beschränkung ist nicht im Grundrecht festgeschrieben, er ergibt sich
  - aus dem Wesensgehalt des Grundrechts selbst und
  - der Wertordnung der Grundrechte und des Grundgesetzes insgesamt.

Grenzen staatlicher Grundrechtsbeschränkungen und -eingriffe

Da Grundrechte oberste Rechtsnorm sind, müssen alle staatlichen Beschränkungen und Eingriffe in sie begrenzt sein.

Die „*allgemeinen Rechtmäßigkeitsvoraussetzungen*" konkretisieren das:

Dem Grundsatz der *Verhältnismäßigkeit* gemäß muss die Beschränkung

- *geeignet* sein, das Ziel und den Zweck der Maßnahme zu fördern.
- *erforderlich* sein, es existiert keine mildere, effektivere Maßnahme, die Gefahr abzuwehren – Übermaßverbot.
- *angemessen* sein[5], die Intensität der Maßnahme muss der Bedeutung des Grundrechts entsprechen – Rechtsgüterabwägung.

---

4 „durch Gesetz": vom Parlament beschlossenes Gesetz; aufgrund eines Gesetzes": Verwaltungsvorschrift o. Ä., gestützt auf ein Gesetz.

5 Verhältnismäßigkeit im engeren Sinne.

Ein *grundrechtssicherndes Verfahren* muss bei jeder GR-Beschränkung

- eine genaue Begründung staatlicher *Zuständigkeit und Ermächtigung* und
- einen *effektiven Rechtsschutz* für den/die Betroffenen garantieren.

3. Grundrechte im Grundgesetz (Auswahl)

a) Die Würde des Menschen – Art. 1

Abs. 1 GG

Die „Würde des Menschen“ leitet den Grundrechtsteil im GG ein. Alle nachfolgenden Bestimmungen haben sich an ihrem Primat auszurichten. Eine inhaltliche Bestimmung der „Würde des Menschen“ gibt das GG nicht. Diese bleibt somit Gegenstand einer steten Auseinandersetzung.

Die „Würde des Menschen“ drückt aus, dass ausnahmslos (!) jeder Mensch

- durch sein Mensch-Sein einen eigenen Wert, *„Eigenwert“*, besitzt u. sich
- durch Freiheit und Verantwortung als *„eigenständiges“* Subjekt darstellt.

Im Laufe der Evolution hat der Mensch geistig-seelische Fähigkeiten erlangt, die seinen Eigenwert ausmachen. Sie befähigen ihn, als eigenständiges Subjekt, als Individuum zu handeln. Als einziges Wesen ist der Mensch sich seiner selbst bewusst. Er kann sich damit selber wahrnehmen und erkennen.

Der Mensch kann aufgrund dieser geistig-seelischen Fähigkeiten

- seine individuelle Persönlichkeit und seine Umwelt erfassen,
- in Freiheit und Selbstbewusstsein denken, handeln, gestalten,
- seine eigene Person, sein Ego, zurückstellen und in der Gemeinschaft nach moralischen Maßstäben entscheiden,
- sein Menschsein, seine Würde, durch Toleranz und Verständnis, durch Gleichheit und Gerechtigkeit verwirklichen.

„Die Würde des Menschen ist unantastbar“. Der Staat hat deshalb

- den Menschen als *eigenständiges Subjekt – nicht als Objekt* zu betrachten,
- dem Menschen ein *menschenwürdiges* Dasein zu ermöglichen,
- die *allgemeine Persönlichkeitssphäre* zu achten und zu schützen.

Dieser Schutzauftrag verpflichtet die drei Gewalten, die Menschenwürde

- „zu achten“: *Unterlassungsanspruch*
  Der Staat hat alles zu unterlassen, was in die Menschenwürde eingreift.
- „zu schützen“: *Handlungsanspruch*
  Der Staat hat die Menschenwürde vor Eingriffen Dritter zu schützen.

Abs. 2 GG – „Unverletzliche und unveräußerliche Menschenrechte“

sind für das deutsche Volk „Grundlage jeder menschlichen Gemeinschaft, des Friedens und der Gerechtigkeit in der Welt“.

Als überstaatliches, materielles Recht sind sie vom Staat zu gewährleisten.

Abs. 3 GG – Unmittelbare Bindungswirkung der Grundrechte

„Die Grundrechte sind insgesamt Konkretisierungen des Prinzips der Menschenwürde.“ (BvR 426/02)

Sie binden Gesetzgebung, vollziehende Gewalt und Rechtsprechung

- als *unmittelbares* Recht und
- als *oberste Rechtsnorm.*

b) Freie Entfaltung der Persönlichkeit – Art. 2 Abs. 1 GG

Das Grundrecht der freien Entfaltung der Persönlichkeit gewährleistet das *Menschenrecht,* sich im Denken und Handeln frei zu verwirklichen.

Das allgemeine Freiheitsrecht ist als Auffangnorm anzuwenden, wenn ein spezielles Freiheitsrecht, z. B. Gewerbefreiheit, im GG nicht existiert.

Der Schutzbereich des Grundrechts ist zweifach zu garantieren:

1. *Die Freiheit über sich selbst zu bestimmen:*
   Schweigerecht des Beschuldigten, Ausreisefreiheit, Recht auf Selbstdarstellung, Selbstbestimmungsrecht des Patienten u. a.
2. *Die Freiheit vor unberechtigten staatlichen Eingriffen:*
   Durchsuchung, Beschlagnahme, Freiheitsentzug ohne Gesetzesgrundlage, Strafe ohne Schuld, Diskriminierung, Datenschutz u. a.

Ohne Schranken führt die Durchsetzung der eigenen Freiheiten zum Kampf aller gegen alle, zu Chaos und Anarchie, dem Nährboden für eine totalitäre „Ordnung“. Individuelle Freiheit wird deshalb begrenzt.

Drei Gemeinschaftsvorbehalte, auch Schrankentrias genannt, beschränken das Grundrecht:

- *Rechte anderer*:
  Alle subjektiven Rechte (privat/öffentlich) der Grundrechtsträger im Rahmen der verfassungsmäßigen Ordnung
- *Verfassungsmäßige Ordnung*:
  Die Gesamtheit der Rechtsnormen, das GG, alle Gesetze und Verordnungen, die der Verfassung entsprechen (materiell/formell)
- *Sittengesetz:*
  Die Gesamtheit der herrschenden sittlichen Normen. Der Bezug auf das Sittengesetz (z. B. in §§ 138 und 826 BGB) kann zur Beurteilung aktueller Rechtsgeschäfte im Wandel von Wirtschaft, Wissenschaft (Medizin) usw. dienen.[6]

c) Das Allgemeine Persönlichkeitsrecht

Das allgemeine Persönlichkeitsrecht, abgeleitet aus **Art. 2 Abs. 1 i. V. m. Art. 1 Abs. 1 GG,** wurde von der Rechtsprechung entwickelt.

Die wichtigsten Gewährleistungsbereiche sind:

Privat- und Intimsphäre:
Ehe- und Familienleben, genetische Herkunft, Krankheiten, Tagebücher u. a.,

Öffentlichkeitssphäre:
das Recht am eigenen Bild bzw. Wort, Recht auf Gegendarstellung, u. a.,

Informationelle Selbstbestimmung:
das Selbstbestimmungsrecht über die Erhebung, Verwendung und Weitergabe seiner persönlichen Daten,

Gewährleistung der Vertraulichkeit und Integrität informationstechnischer Systeme:
Schutz jeglicher Hard- und Software sowie der gespeicherten Daten.

Recht auf Vergessen:
Der Schutz vor inhaltlich und zeitlich unbegrenztem Zugriff auf digitalisierte personenbezogene Daten im öffentlichen Bereich – in Abwägung zu Art. 5 GG.

---

6 Das Landesarbeitsgericht Düsseldorf hat einen an eine Schulbusbegleiterin gezahlten Lohn von umgerechnet 3,40 Euro pro Stunde als sittenwidrig eingestuft: Es „liegt ein besonders auffälliges Missverhältnis von Leistung und Gegenleistung vor. (…) Die verwerfliche Gesinnung der Beklagten ist damit indiziert." (Az. 8 Sa 764/13).

Recht auf selbstbestimmtes Sterben:
Gewährleistung der Freiheit, sich selbstbestimmt das Leben zu nehmen und die Hilfe Dritter (auch geschäftsmäßig) in Anspruch zu nehmen.

d) Recht auf informationelle Selbstbestimmung

Elektronische Datenverarbeitung und *-übertragung* ermöglicht es Behörden, Unternehmen, Arbeitgebern, Banken, Ärzten, Versicherungen u. a.

Daten

- über die privaten und öffentlichen Lebensumstände der Menschen, die sie selbst oft unfreiwillig bei der Nutzung elektronischer Medien preisgeben,
- nicht nur für sich zu erheben, zu speichern und zu verwenden, sondern
- auch untereinander weiterzugeben und nach Rastern zu verknüpfen.

In *Folge dieser Erfassung* persönlicher Lebensumstände kann der Mensch

- zu einem (Daten-) Objekt werden,
- in der freien Entfaltung seiner Persönlichkeit und
- in seinen demokratischen Mitwirkungsrechten beschränkt werden.

Bei der Überprüfung des Volkszählungsgesetzes hat das BVerfG 1983 das *Recht auf informationelle Selbstbestimmung* definiert.

Der Schutzbereich des Grundrechts beinhaltet:

- Die freie Entfaltung der Persönlichkeit setzt unter den modernen Bedingungen der Datenverarbeitung den Schutz des einzelnen gegen unbegrenzte „Erhebung, Speicherung, Verwendung, Weitergabe seiner persönlichen Daten voraus."
- Der Bürger bestimmt selbst (erlaubt oder verbietet) über die „Preisgabe und Verwendung seiner persönlichen Daten."

Das Grundrecht wird durch folgende Rechtsgüter beschränkt:

- Staatliche Organe sind zur Erfüllung ihrer Aufgaben (z.B. Sozial-, Rechtsstaat) auf persönliche Daten der Bürger angewiesen.
- Der Bürger muss eine Grundrechtsbeschränkung hinnehmen, wenn diese im *„überwiegenden Allgemeininteresse"* liegt.

Staatliche Grundrechtsbeschränkungen[7] setzen voraus, dass

- das grundrechtsbeschränkende Rechtsgut gesetzlich normiert ist,

7 Siehe allgemeine Rechtmäßigkeitsvoraussetzungen, Seite 37.

- der Grundsatz der Verhältnismäßigkeit gewahrt ist,
- ein organisatorischer und verfahrensrechtlicher Datenschutz gegen Zweckentfremdung der persönlichen Daten garantiert ist.

e) Grundrecht auf Gewährleistung der Vertraulichkeit und Integrität informationstechnischer Systeme – kurz: IT-Grundrecht

Die Online-Durchsuchung ermöglicht einen verdeckten Zugriff auf informationstechnische Systeme selbst. Diese werden verborgen durch „Trojaner“ infiziert, um direkt am Ursprung Programme, Dateien und Kommunikationsinhalte einer Zielperson auszulesen und zu manipulieren.

Das BVerfG erklärte 2008 Vorschriften im Verfassungsschutzgesetz NRW für nichtig und definierte das neue Grundrecht:

Der *absolut geschützte Kernbereich privater Lebensgestaltung* wird durch

- die Überwachung der Nutzung informationstechnischer (IT-) Systeme und
- das Auslesen und Auswerten von Datenspeichern in PCs, Mobiltelefonen, Kraftfahrzeugen u. a. erheblich verletzt,
- da weitreichende Rückschlüsse auf die Persönlichkeit des IT-Nutzers bis hin zur Profil- und Rasterbildung möglich sind.

Das neu definierte Grundrecht schließt verfassungsrechtliche Lücken in

- Art. 10 GG – Fernmeldegeheimnis,
- Art. 13 GG – Unverletzlichkeit der Wohnung und
- Art. 2 GG – Allgemeines Persönlichkeitsrecht.

Eingriffe in den absolut geschützten Kernbereich privater Lebensgestaltung gefährden ein „überragend wichtiges Rechtsgut“ und sind daher an

strenge verfassungsrechtliche Voraussetzungen gebunden:

- Es müssen tatsächliche Anhaltspunkte einer konkreten Gefahr (im Einzelfall einer drohenden –) für ein *überragend wichtiges Rechtsgut* vorliegen:
  Leib, Leben, Freiheit, Grundlagen des Staates, Existenz der Menschen.
- Der Zugriff steht generell unter dem Vorbehalt richterlicher Anordnung.
- Ein zweistufiges Schutzkonzept hat die höchstpersönlichen Daten zu sichern:

  - Gesetzliche Normen müssen die Erhebung kernbereichsrelevanter Daten, soweit wie informations- und ermittlungstechnisch möglich, begrenzen.
  - Informationen zum Kernbereich, die oft erst beim Öffnen digitaler Daten sichtbar werden, sind besonders zu schützen. Bezüge zum Kernbereich sind unverzüglich zu löschen und nicht zu verwerten.
- Die allgemeinen Rechtmäßigkeitsvoraussetzungen bedingen,
  - die Interessen des Betroffenen und Dritter verfahrensrechtlich abzusichern, z. B. Benachrichtigungspflicht nach Abschluss der Maßnahme,
  - Normenbestimmtheit und -klarheit gesetzlich umzusetzen, z. B. hinsichtlich der qualifizierten materiellen Eingriffsschwelle,
  - die Verhältnismäßigkeit von Grundrechtseingriffen an der Gefahr für das „überragend wichtige Rechtsgut" zu messen.

Neue Brisanz erhält das Grundrecht, weil heute die e-Kommunikation global über manipulierbare Glasfaserkabel durch exterritoriale Ozeane und Staaten mit geringem Datenschutz verläuft.

f) Recht auf Vergessen

Informationen über Personen stehen heute über einen unbestimmt dauernden Zeitraum im Internet. Sie sind über Abfragen bei Suchmaschinen oder Verlagen abrufbar. Der Europäische Gerichtshof (EuGH) hat 2014 das Recht der Privatpersonen auf Vergessen im Internet bestätigt. Natürliche Personen haben unter bestimmten Umständen europaweit (!) einen Anspruch auf Löschung personenbezogener Daten[8].

Das BVerfG 2019 wägte in zwei Entscheiden zum „Recht auf Vergessen"[9] ab:

- Das *Allgemeine Persönlichkeitsrecht*
  - schützt vor öffentlicher Verbreitung personenbezogener Informationen,
  - damit die Person ihre Individualität selbstbestimmt entwickeln kann.
  - Frühere Positionen und Handlungen einer Person sollen nicht unbegrenzt veröffentlicht werden.
- Die *Meinungs- und Pressefreiheit (Art. 5 GG)* gewährleistet
  - bestimmte Inhalte ohne Anonymisierung zu veröffentlichen,
  - über Inhalte, Zeitpunkt, Dauer und Form selbst zu entscheiden und

8 EuGH, Urteil v. 13. 05. 2014, Az. C-131/12.

9 Beschluss v. 06. 11. 2019–1 BvR 16/13/1 BvR 276/17 – Recht auf Vergessen I/II.

  - mit Informationen zur öffentlichen Meinungsbildung beizutragen.
- Das BVerfG führt mit Blick auf zukünftige Gerichtsverfahren aus:
  - Personen besitzen kein unbedingtes „Recht auf Vergessen“,
  - sie müssen die Löschung von Daten begründet beantragen.
  - Presseverlage u. a. haben abgestuft Schutzmaßnahmen zu berücksichtigen, um die sich ändernde Bedeutung von Informationen in der Zeit abfedern. z. B.: gelöschter Personenbezug, Zugriffsbeschränkungen
  - Die Beeinträchtigung des Privatlebens und der Entfaltungsmöglichkeiten der Person sind zu beachten.

g) Recht auf selbstbestimmtes Sterben

Das allg. Persönlichkeitsrecht umfasst ein *Recht auf selbstbestimmtes Sterben.*[10] Staat und Gesellschaft haben laut BVerfG-Entscheid das Recht zu respektieren.

- Dieses Recht schließt die Freiheit des einzelnen ein,
  - sich selbstbestimmt das Leben zu nehmen
    entsprechend dem persönlichen Verständnis von Lebensqualität und Sinnhaftigkeit der eigenen Existenz
  - und hierbei auf die freiwillige Hilfe Dritter, auch durch eine geschäftsmäßige Sterbehilfe, zurückzugreifen.

Der Gesetzgeber hat das Recht, die Suizidhilfe zu regulieren:

- *Zu schützen* hat er alte und kranke Menschen vor
  - der Praxis einer rein geschäftsmäßig ausgerichteten Sterbehilfe,
  - der Auffassung, der Suizid sei die normale Form der Lebensbeendigung,
  - psychischem Druck zu einem vorzeitigen Sterben, z. B. wegen großer Belastungen der eigenen Familie, aus Kostengründen in der Pflege und im Gesundheitswesen.
- *Zu achten* hat der Gesetzgeber das Recht des Einzelnen,
  - sein Leben selbstbestimmt in eigener Verantwortung zu beenden und
  - diesbezüglich die freie Entfaltung und Umsetzung zu ermöglichen.

---

10 BVerfG – Urteile vom 26. Februar 2020 – 2 BvR 2347/15, 2 BvR 2527/16, 2 BvR 2354/16, 2 BvR 1593/16, 2 BvR 1261/16, 2 BvR 651/16.

Vor dem Entscheid des BVerfG urteilte der BGH 2019[11] zum *Selbstbestimmungsrecht über den eigenen Tod.* Dieses Recht ist höherwertig als die Pflicht von Dritten, Sterbehelfern oder Ärzten, Leben zu retten.

- Voraussetzungen der Ausübung des Rechts sind
  - der eigenverantwortliche Entschluss des Sterbewilligen,
  - der über einen längeren Zeitraum nachweisbar ist.
  - Der Sterbewillige ist psychisch nicht beeinträchtigt u. entscheidungsfähig.
- Bedeutung des Urteils für Ärzte oder Sterbehelfer:
  - Die Beihilfe zur eigenverantwortlichen Selbsttötung, z.B. durch Bereitstellung von Medikamenten, ist nicht strafbar.
  - Die Ausübung des Suizids entbindet von der Pflicht zur Rettung des Lebens eines Sterbenden. Es liegt keine unterlassene Hilfeleistung vor.

Eine in Unglücksfällen jedermann obliegende Hilfspflicht nach § 323c StGB wird durch das vorliegende Urteil nicht berührt.

h) Recht auf Leben, körperliche Unversehrtheit, Freiheit der Person – Art. 2 Abs. 2 GG

Die hervorgehobene Stellung dieser Rechte am Anfang des GG beruht auf

- ihrer Bedeutung als biologische Lebensgrundlage und
- der willkürlichen Ausschaltung dieser Rechte durch das NS-Regime.

Die drei Menschenrechte sind beschränkt durch

Gesetzesvorbehalt: „auf Grund eines Gesetzes“: StPO, StGB, BGB u.a.

Das „Recht auf Leben“ verpflichtet den Staat:

Unterlassen von Eingriffen in das Leben wie

- Abschaffung der Todesstrafe (Art. 102 GG)

Schutz des Lebens wie

- Sicherung eines „menschenwürdigen Lebens“ i.V.m. Sozialstaatsgebot
- Risikovorsorge: Jugendschutz, Polizei, Bundeswehr, Umweltschutz
- polizeilicher Schusswaffengebrauch nur bei Notwehr: Leben gegen Leben, Eingriffe in das Leben des Angreifers sind das „letzte Mittel“.

11 BGH, Urteile vom 03.07.2019, Az. 5 StR 132/18 und 5 StR 393/18

Zum Schutz des Lebens Dritter kann der Staat bei bestimmten Personengruppen: Polizei, Soldaten, Sanitäter u. a. den Einsatz des eigenen Lebens voraussetzen.

Wertigkeit des Grundrechts „Recht auf Leben" – Luftsicherheitsgesetz

Das BVerfG betont in den Leitsätzen seines Urteils vom 15. 02. 2006 zum Luftsicherheitsgesetz (1 BvR 357/05) den besonders hohen Wert des Rechts auf Leben:

„Die Ermächtigung der Streitkräfte, gemäß § 14 Abs. 3 des Luftsicherheitsgesetzes durch unmittelbare Einwirkung mit Waffengewalt ein Luftfahrzeug abzuschießen, das gegen das Leben von Menschen eingesetzt werden soll, ist mit dem Recht auf Leben nach Art. 2 Abs. 2 Satz 1 GG in Verbindung mit der Menschenwürdegarantie des Art. 1 Abs. 1 GG nicht vereinbar, soweit davon tatunbeteiligte Menschen an Bord des Luftfahrzeugs betroffen werden."

„Sterbehilfe" und das „Recht auf Leben"

Die Medizin kann heute das Leben verlängern – oft unter qualvollen Umständen. Die „Würde des Menschen" wird bei unheilbar Kranken oft übersehen.

Das „Recht auf selbstbestimmtes Sterben" wurde vom BGH 2019 und vom BVerfG 2020 in zwei Urteilen konkretisiert.

Das BVerfG bezog sich dabei auf das Allgemeine Persönlichkeitsrecht. (s. S. 40)

Das „Recht auf körperliche Unversehrtheit" verpflichtet den Staat zum *Unterlassen* von -/*Schutz* vor Eingriffen in dieses Grundrecht, wie

- Körperverletzung, Folter, Blutentnahme, Einflößen von Brechmitteln,
- Eingriffe in die Psyche, Mobbing, Erniedrigung.

Erlass von Schutzmaßnahmen, wie

- gesetzliche Regelungen, ihre Umsetzung und Kontrolle.

Das „Recht auf Freiheit der Person" schützt die

- „körperliche Bewegungsfreiheit" und verpflichtet den Staat zum *Schutz vor Eingriffen* in dieses Grundrecht, wie
  - Menschenhandel,
  - zwangsweise Aufenthaltsbeschränkungen,
  - willkürliche, unverhältnismäßige Freiheitsentziehung.

Beschränkungen dieses Grundrechts setzen bedeutsame Gründe voraus: Schutz

- der Allgemeinheit vor Mördern, Schwerverbrechern u. a.,
- des Betroffenen vor sich selbst. Verhältnismäßigkeit beachten!

Grenzen der Einschränkbarkeit der „Freiheit der Person" legt fest der

i) Art. 104 GG „Rechtssicherheit bei Freiheitsentzug"

Freiheitsbeschränkungen (Abs. 1):

- „nur auf Grund eines förmlichen Gesetzes und nur unter Beachtung der darin vorgeschriebenen Form"
- Verbot von seelischer und körperlicher Misshandlung

Freiheitsentziehung (Abs. 2), schwerster Grundrechts-Eingriff:

- *Nur der Richter* entscheidet über ihre „Zulässigkeit und Fortdauer".
- *Ohne richterliche Anordnung* bedürfen Freiheitsentziehungen einer unverzüglichen richterlichen Entscheidung (Richtervorbehalte).
- Durch *„Machtvollkommenheit"* der Polizei nur zum Zwecke der
  - Gefahrenabwehr, z. B. Gewahrsamnahme, und
  - Strafverfolgung, z. B. vorläufige Festnahme, erlaubt
  - Dauer: Längstens bis zum Ablauf des Tages nach dem Ergreifen
  - Die richterliche Entscheidung ist unverzüglich herbeizuführen (bei einer Festnahme gelten weitere prozessuale Rechte gem. Abs. 3).

Benachrichtigungspflicht (Abs. 4) von einer richterlichen Entscheidung an einen Angehörigen oder eine Person des Vertrauens.

j) Gleichheit vor dem Gesetz – Art. 3 GG

Abs. 1 – Allgemeines Gleichheitsrecht – Schutzbereich

Das Menschenrecht „Alle Menschen sind vor dem Gesetz gleich." verpflichtet alle staatlichen Gewalten zu Gleichheit und Gerechtigkeit.

Das allgemeine Gleichheitsrecht bindet die drei Gewalten,

- die gesetzgebende Gewalt bei der Ausgestaltung des Rechts,
- die vollziehende und
- die richterliche Gewalt bei der Anwendung des Rechts.

Wesentlich Gleiches ist gleich – wesentlich Ungleiches ist ungleich zu behandeln.[12]

Das Willkürverbot ist eine Folgerung aus dem Gleichheitsgebot. Willkür heißt: Unterschiedliche Maßnahmen sind nicht (!) durch vernünftige und überprüfbare Unterschiede begründet.

Das allgemeine Gleichheitsrecht ist als Auffangnorm anzuwenden, wenn ein besonderes Gleichheitsrecht (s. u.) nicht besteht.

Abs. 2 – Gleichberechtigung von Männern und Frauen

Eine Differenzierung nach Geschlechtern ist bei gleichen Voraussetzungen in Gesellschaft, Politik, Beruf usw. verboten.

Die biologischen Unterschiede sind jedoch zu berücksichtigen.

Staatsziel: Durchsetzung der faktischen Gleichberechtigung

Abs. 3 – Diskriminierungsverbot

Die in Abs. 3 angeführten Unterschiede dürfen nicht zu ungleichen staatlichen Maßnahmen, zu Bevorzugung oder zu Benachteiligung führen.

Staatsziel: Schutz Behinderter vor Benachteiligung.

Inklusion

Inklusion ist gemäß der UN-Behindertenrechtskonvention ein Menschenrecht zum Schutz vor Diskriminierung:

- Menschen mit und ohne Behinderung leben ohne Ausgrenzung zusammen.
- Der Staat hat Inklusion zu fördern, um eine gleichberechtigte Teilhabe aller Menschen in allen gesellschaftlichen Bereichen zu ermöglichen.

Weitere Gleichheitsrechte – Bürgerrechte –

- *Gleiche Rechte und Pflichten* in jedem Bundesland (Art. 33 Abs. 1 GG)
- *Gleicher Zugang zu allen öffentlichen Ämtern* (Art. 33 Abs. 2 GG) entsprechend Eignung und Befähigung für das vorhandene Amt
- *Gleiches Wahlrecht*: (Art. 38 Abs. 1 GG) Gleiches Gewicht aller Stimmen, Chancengleichheit aller Kandidaten und politischen Parteien

---

12 Neuere Formulierung des BVerfGE 55, 72 [88]: Art. 3 GG ist „vor allem dann verletzt, wenn eine Gruppe von Normadressaten im Vergleich zu anderen Normadressaten anders behandelt wird, obwohl zwischen beiden Gruppen keine Unterschiede von solcher Art und solchem Gewicht bestehen, daß sie die ungleiche Behandlung rechtfertigen könnten."

k) Meinungs-, Informations- und Pressefreiheit – Art. 5 GG

Die Freiheitsrechte des Art. 5 GG bilden mit denen der Art. 8 und 9 GG *die Kommunikationsgrundrechte* (siehe Art. 8 GG).

Die freie Meinungsäußerung ist Ausdruck der Persönlichkeit, Grundlage der politischen Beteiligung und demokratischen Willensbildung.

Der Schutzbereich des Menschenrechts umfasst drei Freiheitsrechte:

Freiheit der Meinungsäußerung und -verbreitung

- Jeder kann Tatsachenbehauptungen und persönliche Werturteile
- in Wort, Schrift und Bild, durch mündliche Rede, Presse, Film, Internet,
- in der Öffentlichkeit und privat, zu allen
- persönlichen und gesellschaftlichen Themen äußern und verbreiten.
- „Richtige" und „falsche" Meinungen sind unterschiedslos geschützt.

Tatsachen, Fakten jedoch sind objektiv richtig und wahr wiederzugeben.

Informationsfreiheit

- Jeder kann *aus allgemein zugänglichen* (!) Quellen
- Informationen entgegennehmen (z. B. Zeitung) und aktiv einholen.
- Geschützt ist jeder individuelle (Zu-) Träger[13] von Informationen, wie auch der Inhalt bzw. Gegenstand der Information selbst.
- Verboten ist das – auch zeitweise – Zurückhalten von Informationen.
- Nicht allgemein zugänglich: Privatsphäre und behördliche Vorgänge; Inwieweit Behörden Auskunft geben müssen, wird in Gesetzen[14] geregelt:

Informationsfreiheitsgesetz (IFG)

- Jeder hat – auf Antrag – Zugang zu Behördendaten, zu Vorgängen, Beschlüssen, Plänen, Gutachten.
- Die Offenlegung soll zugleich Korruption und Vorteilsnahme verhindern, z. B. bei öffentlichen Ausschreibungen.
- Ausnahmen bestehen hinsichtlich laufender Gerichtsverfahren und sensibler Informationen der Verteidigungs-, Innen- und Außenpolitik.

---

13 Hiervon abzugrenzen sind *Whistleblower*, die für die Allgemeinheit wichtige Informationen aus geheimen, nicht öffentlich zugänglichen Quellen aufdecken.

14 Die Europäischen Kommission erließ 2019 eine EU-weite Vorschrift zum Schutz von Hinweisgebern, damit diese Verstöße gegen das EU-Recht in vielen Bereichen sicher melden können und dafür nicht bestraft, entlassen, degradiert oder vor Gericht verklagt werden. https://ec.europa.eu/germany/news/20190312-einheitlicher-schutz-fuer-whistleblower-ganze-eu-beschlossen_de (abgerufen 05. 12. 2019).

Pressefreiheit und Freiheit der Berichterstattung durch Massenmedien

sind Voraussetzung der Informations- und Meinungsbildung.

- Die Institution Presse und für sie tätige Personen sind geschützt,
- Informationen zu allen Themen zu beschaffen, zu bearbeiten und
- ohne Zensur als Bericht, Kommentar o. Ä. zu verbreiten.
- Auch die „Freie Presse“ ist an die Schranken des Abs. 2 gebunden.

Abs. 2 – Schranken der Meinungsfreiheit u. a.

Die Meinungs-, Informations- und Pressefreiheit berechtigen nicht, in die Rechte anderer Personen (natürliche/juristische) einzugreifen.

Drei Gesetzesvorbehalte nennt deshalb der Art. 5 Abs. 2 GG.

Die allgemeinen Gesetze

Schutz anderer gleich- oder höherwertiger Rechtsgüter (-abwägung), die unabhängig von bestimmten Meinungsinhalten gewährleistet werden.

Andere Rechtsgüter sind beispielsweise

- die geordnete Rechtspflege, Unabhängigkeit der Gerichte,
- lebensrettende Maßnahmen am Unfallort vor Berichterstattung,
- Eigentum vor wildem Plakatieren

Die gesetzlichen Bestimmungen zum Schutze der Jugend

Schutz der Heranwachsenden und Jugendlichen

- vor Verherrlichung von Gewalt und Verbrechen
- vor Provokation zum Rassenhass
- vor schamverletzender Sexualität

Das Recht der persönlichen Ehre

Der sachliche Schutzbereich der persönlichen Ehre gilt

- nur im gesetzlich (!) normierten Rahmen:
  Die §§ 185 ff. StGB schützen z. B. vor Beleidigung, übler Nachrede.

Die grundsrechtsimmanenten Schranken gelten neben obigen Vorbehalten zum Schutz der Rechte anderer Personen

- entsprechend dem Wesensgehalt des Grundrechts und der Wertordnung der Grundrechte insgesamt: (z. B.)
  - vor unwahren Behauptungen
  - vor dem Zwang, Meinungen zu übernehmen
  - vor Konformitätsdruck

l) Versammlungsfreiheit – Art. 8 GG

Die Versammlungsfreiheit gehört zu den Kommunikations-Grundrechten, die den politischen Meinungs- und Willensbildungsprozess garantieren.

Abs. 1 – Versammlungsfreiheit – Schutzbereich

Das *Bürgerrecht* schützt den deutschen Staatsbürger, den Versammlungsteilnehmer, nicht die Versammlung. Ausländer können sich hilfsweise auf Art. 2 Abs. 1 GG, Art. 11 EMRK und das Versammlungsgesetz gerufen.

Die *Versammlungsfreiheit* beinhaltet, sich

- gemeinsam mit anderen Staatsbürgern eine
- gemeinsame Meinung zu bilden und sie zu vertreten,
- Meinungsinhalte und ihre Darstellung (ob, wo, wann, wie ...) sind frei.

Verfassungsvorbehalte schützen den Versammlungsteilnehmer und Dritte:

friedlich: Absage an Gewalt gegen Personen und Sachen;

ohne Waffen: Verbot von Waffen im technischen Sinne, von gefährlichen Werkzeugen, von Schutzwaffen.

Abs. 2 – Schranken der Versammlungsfreiheit

„Für Versammlungen *unter freiem Himmel...*" gilt ein *Gesetzesvorbehalt*, um der stärkeren Gefährdung der Öffentlichkeit Rechnung zu tragen.

Die Versammlungsfreiheit verpflichtet den Staat:

- *Unterlassen* von Eingriffen und Beschränkungen in das Grundrecht
- *Schutz* jedes einzelnen (!) Versammlungsteilnehmers vor Eingriffen Dritter, vor Ausschreitungen einzelner oder einer Minderheit

Das Verbot einer Versammlung setzt strenge Anforderungen an die Gefahrenprognose und die vorherige Ausschöpfung aller sinnvoll anwendbaren Mittel zum Schutz friedlicher Demonstranten voraus (BVerfG 69 359 ff).

Das BVerfG betonte 1985 in seiner Brokdorf-Entscheidung die

zentrale Bedeutung der Versammlungsfreiheit für die

- *Volkssouveränität:* „Alle Staatsgewalt geht vom Volke aus",
- *politische Meinungs- und Willensbildung* in der Demokratie,
- *pluralistische Gesellschaftsordnung,* die auf der öffentlichen Diskussion konkurrierender Interessen beruht,
- *repräsentative Demokratie,* in der die Volksvertreter das kritische Urteil des Volkes benötigen, um Defizite und Fehlentwicklungen zu beseitigen.

m) Vereinigungsfreiheit – Art. 9 GG

Die freiwillige Verbindung mit anderen Menschen entspricht dem grundlegenden Streben des Menschen, sich in der Gesellschaft zu verwirklichen, einer Grundlage staatlichen Zusammenlebens.

Stärker als einzelne Individuen können *Vereinigungen*

- als freier Zusammenschluss von Personen,
- mit einer festen und dauerhaften Organisation und
- gemeinsamer Interessen- und Zielbestimmung auch auf den politischen Willensbildungsprozess in der pluralistischen Gesellschaft einwirken.
- Die Vereinigungsfreiheit gehört folglich zu den *Kommunikationsgrundrechten.*

Das Grundrecht schützt im Übrigen jegliche Vereinigung – unabhängig von ihrer Rechtsform, ihren Interessen und Zielen.

Abs. 1 – Vereinigungsfreiheit – Schutzbereich

Träger des Doppelgrundrechts ist

- der deutsche Staatsangehörige – *Bürgerrecht* – und
- die Vereinigung – privatrechtlich – selbst.

Geschützt werden sowohl

- *Vereine* als Personenmehrheit mit unterschiedlichsten Interessenrichtungen: Sport, Kultur, Kirche, Soziales, Politik, Freizeit u. a. als auch
- *Gesellschaften* bürgerlichen Rechts und Handelsrechts (AG, GmbH u. a.)

Politische Parteien unterliegen den besonderen Normen des Art. 21 GG.

Das Grundrecht gewährleistet als

- *positive Vereinigungsfreiheit* die Gründung, den Beitritt und Verbleib,
- *negative Vereinigungsfreiheit* das Fernbleiben und den Austritt.

Zwangsmitgliedschaften in privatrechtlichen Vereinigungen sind verboten.

Abs. 2 – Schranken der Vereinigungsfreiheit

Verboten sind Vereinigungen, die

- Strafgesetzen zuwiderlaufen: Hehlerbanden, Terrornetze, OK u. a.,
- gegen die verfassungsmäßige Ordnung, speziell die Freiheitlich Demokratische Grundordnung, militant ankämpfen,
- gegen die Verständigung der Völker und Nationen gerichtet sind.

Über das Verbot entscheidet die zuständige Behörde.

Abs. 3 – Koalitionsfreiheit

Das *soziale Doppelgrundrecht* schützt persönlich und sachlich

- für jedermann als individuelles *Menschenrecht* und
- für alle Berufe, für die Koalition selber, das Recht der Tarifautonomie.

Die Tarifautonomie beinhaltet das Recht,

- Vereinigungen jeweils für Arbeitnehmer (AN) und Arbeitgeber (AG), Gewerkschaften und Arbeitgeberverbände, zu bilden.
- In marktwirtschaftlicher Eigenverantwortung handeln diese
- zur Wahrung und Förderung der Arbeits- und Wirtschaftsbedingungen
- Tarifverträge über Arbeitszeit, Urlaub, Lohn, Gehalt u. a. aus.

Für die Tarifautonomie gelten als Voraussetzungen:

- *Die Tarifparteien* müssen gleich stark sein – Waffengleichheit, um einen beiderseits akzeptierten Interessenausgleich auszuhandeln.
- *Der Staat* ist zur Neutralität verpflichtet, um nicht die marktwirtschaftliche Eigenverantwortung zu gefährden und keiner Tarifpartei Vorteile oder Nachteile zu verschaffen.
  Bei ernsthaften Gefahren hat der Staat die Tarifautonomie zu schützen.

Für Tarifauseinandersetzungen gelten arbeitsrechtliche Voraussetzungen:

Friedenspflicht: Während der Laufzeit der Tarifverträge sind

- die Übereinkünfte einzuhalten und
- keine Arbeitskämpfe o. Ä. durchzuführen.

Verfahrensregelungen zur möglichst friedlichen Einigung:

1. Tarifverhandlungen der AG und AN — nach Scheitern: 2.)
2. Verhandlungen mit unparteiischem Schlichter — nach Scheitern: 3.)
3. Beginn von Arbeitskampfmaßnahmen, um den Verhandlungsdruck zu erhöhen.

Maßnahmen des Arbeitskampfes sind

Streik: gewerkschaftlich organisierte Arbeitseinstellung der AN nach Urabstimmung der Gewerkschafter,

Aussperrung: AG schließen die AN von den Arbeitsplätzen aus und zahlen keine Löhne oder Gehälter.

Für den Arbeitskampf gelten als rechtliche Grundsätze: Der Arbeitskampf

- richtet sich nur (!) auf die Arbeits- und Wirtschaftsbedingungen,
- ist zeitlich begrenzt und das letzte Mittel,

- darf die Gegenseite nicht ruinieren,
- ist an die allgemeine Rechtsordnung gebunden,
- hat die Interessen der Allgemeinheit und
- die Rechte Dritter, insbesondere sozialstaatliche, zu berücksichtigen.
- Beamte dürfen deshalb nicht streiken!

n) Brief-, Post- und Fernmeldegeheimnis – Art. 10 GG

Als *Menschenrechte* schützen die drei Grundrechte die persönliche Kommunikation der Menschen vor Kontrolle und Überwachung.

Abs. 1 – Die drei Rechte und ihr Schutzbereich

Das Briefgeheimnis schützt

- den brieflichen Verkehr von Personen (natürliche/juristische)
- gegenüber der öffentlichen Gewalt[15]
- vor Kenntnisnahme des Inhalts.

Das Postgeheimnis schützt

- den postalischen Verkehr insgesamt
- gegenüber der öffentlichen Gewalt, der Post und anderen Personen
- vor Kenntnisnahme des Inhalts.

Das Fernmeldegeheimnis schützt

- den Fernmeldeverkehr, auch SMS, Fax, Internet, E-Mail,
- gegenüber der öffentlichen Gewalt, der Post und anderen Personen
- vor Kenntnisnahme des Inhalts und der Verkehrsdaten wie beteiligte Rufnummern, Zeitpunkt u. Dauer des Anrufs evtl. Standortdaten und IP-Adresse.

Abs. 2 – Beschränkungen der drei Schutzrechte

Einfacher Gesetzesvorbehalt (Satz 1) „aufgrund eines Gesetzes“:

- StPO, StVollG, Zollgesetz, Außenwirtschaftsgesetz u. a., Vorratsdatenspeicherung gemäß Telekommunikationgesetz (TKG § 113b vom 10. 12. 2015)

Qualifizierter Gesetzesvorbehalt (Satz 2 „Dient die Beschränkung …“):

- Zum Schutz der Freiheitlich Demokratischen Grundordnung oder
- des Bestandes oder der Sicherung des Bundes oder eines Landes.

---

15 „Öffentliche Gewalt“ bezeichnet die Exekutive, nicht die Legislative und Judikative.

- Die Beschränkung muss dem Betroffenen nicht mitgeteilt werden.
- Eine Nachprüfung leistet die G 10-Kommission des Bundestages.

Gesetzliche Normierungen zu Abs. 2 Satz 2:

- „Gesetz zur Beschränkung des Art. 10 GG" (kurz G 10-Gesetz)
- §§ 100 a und 100b StPO – u. a. mit den Straftatbeständen zu Satz 2:
  - Landes-, Hochverrat, Gefährdung des demokratischen Rechtsstaates
  - Die Anordnung erfolgt durch den Richter, bei Gefahr im Verzuge durch die Staatsanwaltschaft, nicht die Polizei.

o) Freizügigkeit – Art. 11 GG

Abs. 1 – Freizügigkeit – Schutzbereich

Das *Bürgerrecht* gewährleistet Freizügigkeit im ganzen Bundesgebiet.

Freizügigkeit bedeutet,

- ungehindert durch die deutsche Staatsgewalt,
- an jedem Ort des Bundesgebietes
- Aufenthalt (vorübergehend) und
- Wohnsitz (dauernd) zu nehmen und zu diesem Zweck
- in das Bundesgebiet einzureisen (BVerfG).

Nicht durch das Bürgerrecht (!) Freizügigkeit garantiert wird die

- Freizügigkeit von Ausländern und die
- Ausreisefreiheit von Deutschen, die das Bundesgebiet verlassen.

Hier gilt als Auffangnorm Art. 2 Abs. 1 GG mit der Grundrechtsschranke: verfassungsmäßige Ordnung. Straftäter dürfen nicht ausreisen.

Abs. 2 – Schranken der Freizügigkeit

Das Grundrecht Freizügigkeit wird nur in folgenden Fällen durch *qualifizierte Gesetzesvorbehalte* eingeschränkt:

- wenn „eine *ausreichende Lebensgrundlage* nicht vorhanden ist und der Allgemeinheit daraus besondere Lasten entstehen": z. B. Wohngeld
- „zur *Abwehr einer drohenden Gefahr* für den Bestand oder die Freiheitlich Demokratische Grundordnung des Bundes oder eines Landes": z. B. im Notstandsfall
- „zur *Bekämpfung von*
  - *Seuchengefahr:* bei Pandemien (z. B. Corona-Virus) Pocken u. a.,

  - *Naturkatastrophen:* bei Hochwasser, Erdbeben u. a.,
  - *besonders schweren Unglücksfällen":* bei Deichbruch u. a.,
- „zum *Schutz der Jugend* vor Verwahrlosungen": durch Sperrbezirke u. a.
- „um *strafbaren Handlungen vorzubeugen":* durch richterliche Anordnung von Polizeiaufsicht, Sicherheitsgewahrsam u. a.

p) Unverletzlichkeit der Wohnung – Art. 13 GG

Abs. 1 – Unverletzlichkeit der Wohnung – Schutzbereich

Das Menschenrecht garantiert den
- Schutz des privaten Lebensraums von Personen (natürlich/juristisch) vor Eingriffen der öffentlichen Gewalt und das
- Recht der freien Entfaltung in diesem eigensten räumlichen Bereich.

Der Begriff Wohnung umfasst
- alle Wohn- und Nebenräume wie Hof, Garten,
- auch Arbeits-, Dienst- und Geschäftsräume (soweit nicht öffentlich),
- insgesamt: jedes dem „Wohnen" zugeordnete befriedete Besitztum.

Abs. 2 – Durchsuchungen der Wohnung

Durchsuchungen sind ein äußerst intensiver Rechtseingriff, die
- ziel- und zweckgerichtete Suche nach Personen oder Sachen zur
- Sachverhaltsermittlung – oft gegen den Willen des Wohnungsinhabers –
- im Rahmen der Strafverfolgung oder Gefahrenabwehr.

Die Anordnung – qualifizierter Gesetzesvorbehalt – erfolgt
- nur durch den Richter im Vorhinein, bei
- Gefahr im Verzuge durch Staatsanwaltschaft oder deren Ermittlungspersonen.

Abs. 3 – Überwachung – repressiv – mit akustischen Mitteln

Akustische Mittel wie Mikrofone sind zur *repressiven* Überwachung von Wohnungen erlaubt. Enge Verfassungsschranken binden die Strafverfolgung bei der *Anordnung* dieses *äußerst intensiven Grundrechtseingriffs*:
- Die besonders schweren Straftaten sind einzeln in § 100 c StPO bestimmt.
- Drei (!) Richter entscheiden als Spruchkörper über den Eingriff,
  - der auf 4 Wochen befristet ist und danach verlängert werden muss;

  - bei Gefahr im Verzuge entscheidet ein Einzelrichter (Landgericht), nicht die Staatsanwaltschaft oder deren Ermittlungspersonen. Eilentscheide haben 3 (!) Tage Gültigkeit.
- Als letztes Mittel ist der „Lauschangriff" anzuwenden, nur wenn andere Eingriffe keinen Erfolg versprechen oder unverhältnismäßig wären.
- Auch Wohnungen Dritter, „in denen der Beschuldigte sich vermutlich aufhält", können überwacht werden.
- Die optische Überwachung mittels Kameras o. Ä. ist verboten.

Abs. 4 – Überwachung – präventiv – mit technischen Mitteln

Der *präventive* „Lauschangriff" sieht umfangreichere Mittel vor:

- Zur Abwehr dringender Gefahren für die öffentliche Sicherheit und Ordnung, insbesondere bei einer gemeinen Gefahr oder Lebensgefahr,
- kann der Einsatz technischer Mittel, akustischer *und* optischer,
- nur durch den Richter angeordnet werden,
- bei Gefahr im Verzuge auch durch die Staatsanwaltschaft oder Polizei.

Abs. 5 – Überwachung zwecks Eigensicherung

Der Einsatz technischer Mittel soll dem Schutz und der Eigensicherung von verdeckten Ermittlern und V-Leuten dienen, die in der Wohnung tätig sind.

Eine richterliche Anordnung ist einzuholen, bevor zufällig gewonnene Erkenntnisse zur Strafverfolgung oder Gefahrenabwehr verwandt werden.

Abs. 6 – Unterrichtungsverpflichtung des Bundestages

Der Bundestag ist *zur Kontrolle* der Überwachung gemäß den Absätzen 4 bis 6 jährlich über die Maßnahmen zu unterrichten. Kontrollinstanz ist das „Gremium nach Artikel 13 Absatz 6 des Grundgesetzes".

Abs. 7 – Übrige Eingriffe und Beschränkungen

Übrige Eingriffe und Beschränkungen sind

- geringere Rechtseingriffe als die in den Absätzen 2 bis 5 aufgeführten,
- wie Beeinträchtigungen durch die öffentliche Gewalt, z. B. das Betreten.

Die Zulässigkeit besteht nur zur

- Abwehr einer gemeinen Gefahr oder von Lebensgefahr,
- Verhütung dringender Gefahren für die öffentliche Sicherheit und Ordnung, insbesondere bei Raumnot, Seuchengefahr und zum Schutz der Jugend.

q) Eigentum, Erbrecht und Enteignung – Art. 14 GG

Das Recht auf Eigentum und das verwandte Erbrecht gehören – nicht erst seit der Aufklärung – zu den elementaren Rechtsnormen. Persönliche Unabhängigkeit und Freiheit werden durch das Recht auf Eigentum vermittelt. Es kann auch die Macht über Menschen beinhalten – zu deren Nutzen oder Schaden. Diesem Wissen entsprechen Inhalt und Schranken des Art. 14 GG.

Abs. 1 – Eigentum und Erbrecht – Schutzbereich

Das Menschenrecht: Eigentum und Erbrecht

- *garantiert* die Freiheit der Verfügung, des Gebrauchs und Nutzens und
- *schützt* beide privaten Rechte vor Eingriffen Dritter.

Durch *Gesetzesvorbehalt* kann der Gesetzgeber *Inhalt und Schranken,* die sich gegenseitig bedingen, bestimmen:

Inhalt:	– materielle Güter wie Häuser, Kfz, Geld, Schmuck
	– immaterielle – wie Forderungen, Renten, Warenzeichen®
Schranken:	Gesetze oder Rechte Dritter beschränken o.a. Inhalte:
	– BGB (z.B. § 903), Mietrecht, StPO (z.B. Beschlagnahme)

Abs. 2 GG – Sozialbindung und -pflichtigkeit des Eigentums

- *Der private Gebrauch* des Eigentums wird beschränkt durch die
- *soziale Verpflichtung,* „zugleich dem Wohl der Allgemeinheit (zu) dienen".

Dem Grundsatz der Verhältnismäßigkeit gemäß kann laut BVerfG der

- private Gebrauch von Eigentum um so mehr beschränkt werden, je mehr
- es sozialen Funktionen oder der Freiheitssicherung Dritter dient.

Abs. 3 – Enteignung – Schutzbereich

Die Enteignung als absolute Beschränkung des Eigentums darf nur „durch Gesetz oder auf Grund eines Gesetzes" – nicht Verwaltungsentscheid –

- „nur zum Wohl der Allgemeinheit" (!) bei gleichzeitiger Regelung von
- „Art und Umfang der Entschädigung" (Rechtsweggarantie) erfolgen.

r) Ausbürgerung, Auslieferung – Art. 16 GG Staatsangehörigkeit – Art. 116 GG

Art. 116 GG: Staatsangehörigkeit

Das NS-Regime entzog Millionen Deutschen „zwischen dem 30. Januar 1933 und dem 8. Mai 1945 die deutsche Staatsangehörigkeit aus politischen, rassischen und religiösen Gründen …“ (aus Art. 116 Abs. 2 GG).

Als rechtliche Folge davon waren diese Menschen

- staatenlos, damit ohne den diplomatischen Schutz eines Staates,
- ohne Grundrechte, da diese in der WRV nur Bürgerrechte waren.

Viele suchten im Ausland Asyl, Schutz und Hilfe vor dem NS-Regime.

Artikel 116 Abs. 2 GG verfügt die Wiedereinbürgerung dieser Menschen auf Antrag und die Ungültigkeit der Ausbürgerung.

Art. 16 Abs. 1 – Schutz vor Ausbürgerung

Das Grundrecht schützt alle Deutschen

- vor dem Entzug der Staatsangehörigkeit durch den Staat,
- nicht aber vor dem Verlust der Staatsangehörigkeit. Dieser darf
  - gegen den Willen des Betroffenen eintreten,
  - wenn der Betroffene dadurch nicht staatenlos wird, wenn er eine zweite Staatsangehörigkeit besitzt[16].

Nicht in Art. 16 Abs. 1 GG geregelt ist

- der Erwerb und der Inhalt der deutschen Staatsangehörigkeit (s. Kap. I).

Art. 16 Abs. 2 – Verbot der Auslieferung

Dieses Grundrecht verbietet der staatlichen Gewalt,

- Deutsche (nach Art. 116 GG) an das Ausland auszuliefern.

Erlaubt ist die Auslieferung an einen

- internationalen Gerichtshof,
- Mitgliedsstaat der Europäischen Union gemäß Europäischem Haftbefehl

Dem Auslieferungsersuchen eines Nicht-EU-Staates darf damit

- nicht bei Deutschen und auch
- nicht bei ausländischen Asylsuchenden stattgegeben werden.

---

16 Verlust der Staatsangehörigkeit bei konkreter Beteiligung an Kampfhandlungen einer Terrormiliz im Ausland, Änderungsgesetz zum StAG vom 09. 08. 2019.

s) Asylrecht – Art. 16 a GG

Der Parlamentarische Rat hat das
- *Asylrecht* zu einem *Grundrecht* aufgewertet:
  - Politisch Verfolgten gewährleistet es
  - Schutz und Hilfe vor deren Herkunftsländern.

Politisch Verfolgter ist gemäß *Genfer Flüchtlingskonvention (GFK),* wer wegen
- politischer Straftaten, etwa Widerstand gegen eine Diktatur und/oder
- seiner politischen, religiösen Überzeugung und/oder
- Zugehörigkeit zu einer bestimmten Gruppe, Rasse o. Ä.
- ernsthafte Gefahren für seine Freiheit, Leib oder Leben zu erwarten oder bereits erlitten hat und
- eine subjektive Verfolgungsfurcht vorliegt.

Das *Zuwanderungsgesetz* erkennt gemäß Genfer Flüchtlingskonvention
- auch die nichtstaatliche Verfolgung und
- die geschlechtsspezifische Verfolgung als humanitären Fluchtgrund an.
- Bei Fluchtalternativen im Herkunftsland wird kein Asylrecht gewährt.

1993 wurde das Asylrecht im Art. 16 a konkretisiert:

Abs. 1 – Asylrecht – Schutzbereich

Dieser Absatz entspricht dem ursprünglichen.
- Als Grundrecht für Nicht-Deutsche gewährleistet das Asylrecht
- *Schutz und Hilfe für politisch Verfolgte.*

Abs. 2 – Sichere Drittstaaten

Ausländer aus sicheren Drittstaaten
- können sich *nicht* auf das Asylrecht berufen,
- da sie im Drittstaat schon Schutz und Hilfe bekommen konnten.

Sichere Drittstaaten
- sind alle Mitgliedsstaaten der Europäischen Gemeinschaften,
- wenden die Genfer Flüchtlingskonvention und die europäische Menschenrechtskonvention an, somit alle Nachbarstaaten Deutschlands.

Die Zuordnung bedarf der Zustimmung von Bundestag und Bundesrat.

Abs. 3 – Sichere, verfolgungsfreie Herkunftsstaaten

Ausländer aus verfolgungsfreien Herkunftsstaaten

- gelten nicht als politisch verfolgt,
- solange sie keine gegenteiligen Tatsachen vortragen und begründen.

Verfolgungsfreie Herkunftsstaaten *scheinen* Folgendes zu garantieren:

- Aufgrund der rechtlichen und politischen Verhältnisse besteht
- keine politische Verfolgung und/oder
- keine unmenschliche und erniedrigende Bestrafung oder Behandlung.

Die Zuordnung bedarf der Zustimmung von Bundestag und Bundesrat.

Abs. 4 – Vollziehung aufenthaltsbeendender Maßnahmen

Aufenthaltsbeendende Maßnahmen werden

- vollzogen und nicht ausgesetzt
  - in Fällen des Abs. 3 und anderen Fällen bei offensichtlicher Unbegründetheit,
- durch Gericht ausgesetzt
  - bei ernsthaften Zweifeln an der Rechtmäßigkeit der Maßnahme.
  - Das Nähere ist durch Gesetz auszuführen.

Abs. 5 – Vereinbarkeit mit völkerrechtlichen Verträgen

Die Absätze 1 bis 4 stehen nicht völkerrechtlichen Verträgen

- der Mitgliedsstaaten der Europäischen Gemeinschaften untereinander
- und mit dritten Staaten
- zur Prüfung von Asylbegehren und
- zur gegenseitigen Anerkennung von Asylentscheidungen entgegen.

Rechtliche Grundvoraussetzung o. a. Verträge sind die

- Genfer Flüchtlingskonvention und die
- Europäische Menschenrechtskonvention.

Die praktische Umsetzung des Art. 16a GG bedeutet:

Asylsuchende, die

- *auf dem Landweg* in die Bundesrepublik einreisen wollen,
  - kommen aus einem sicheren Drittstaat,
  - bekommen kein Asyl und werden zurückgeschoben/-gewiesen. Deutschland ist von sicheren Drittstaaten umgeben.

- *mit dem Flugzeug oder Schiff* einreisen wollen, kommen zuerst in den Transitbereich als „exterritoriales Gebiet“, in dem
  - die Einreisedokumente kontrolliert werden,
  - ein Asylantrag gestellt und überprüft werden muss.
  - Asylsuchende nach Absätzen 2 und 3 (i. d. R.)
  - dürfen nicht in die Bundesrepublik einreisen und
  - werden in ihre Herkunftsländer zurückgewiesen.

Ergänzung: „Dublin III“- Verordnung der Europäischen Union (EU):

- Die Staaten der EU garantieren jedem Verfolgten ein Asylverfahren.
- Zuständig ist der Staat, in den der Verfolgte in die EU einreiste.
- In ihn wird der Verfolgte zurückschoben.
- Die Transitländer im Süden der EU sind damit äußerst überfordert,
- während die Nordeuropäer besser gestellt sind.

Diese Ungleichheit führt dazu, dass Dublin III äußerst umstritten ist, nur noch begrenzt angewandt wird und geändert werden soll.

Gemäß Urteilen des Europäischen Gerichtshofs (EGMR) und des Bundesverfassungsgerichts dürfen Asylsuchende nicht in das Einreiseland zurückgeschoben werden, wenn dort menschenunwürdige Zustände herrschen, z. B. in überfüllten Flüchtlingslagern.

t) Asylverfahren und Aufenthaltsrecht

Zuständigkeiten:

- Das Bundesamt für Migration und Flüchtlinge (BAMF) führt die Asylverfahren auf Bundesebene durch.
- Die Bundesländer und örtlichen Ausländerbehörden sorgen für die Aufenthaltsbedingungen, für die Abschiebung bei Ablehnung

Die wichtigsten Rechtsnormen für das Asylverfahren sind das Grundgesetz (GG), Aufenthaltsgesetz (AufenthG) und Asylgesetz (AsylG)

Das Asylverfahren → Status: Aufenthaltsgestattung

- Geflüchtete werden registriert, erkennungsdienstlich behandelt und
- einem festen Aufenthaltsort zugewiesen, den sie nicht verlassen dürfen.
- In Anhörungen durch das BAMF stellt der Geflüchtete seine Fluchtgründe dar. Diese werden anhand bekannter Fakten u. a. zum Herkunftsland und zur Fluchtroute auf ihre Glaubwürdigkeit geprüft.

Folgende Schutznormen begründen eine Anerkennung:
- politisches Asyl: Art. 16a Abs.1 GG oder § 3 AsylG (s. GFK)
- subsidiärer Schutzstatus: in seinem Herkunftsland droht dem Flüchtling ernsthafter Schaden. § 4 AsylG
- „nationale“ Abschiebungsverbote: § 60 V und VII AufenthG: konkrete Gefahr für Leib, Leben oder Freiheit, gesundheitliche Gründe

Anerkennung des Asylantrages → Status: Aufenthaltserlaubnis

Der/Die Geflüchtete erhält eine Aufenthaltserlaubnis. Diese dauert
- 3 Jahre bei politischem Asyl,
- 1 Jahr beim subsidiären Schutzstatut oder nationalen Abschiebungsverbot.
- Verlängerungen sind möglich.
- Nach 5 Jahren kann bei Nachweis festgelegter Integrationsleistungen eine *unbefristeten Niederlassungserlaubnis* beantragt werden.

Ablehnung des Asylantrages → Status: Duldung

Gründe für die Ablehnung des Asylantrages:
- Fluchtgründe entsprechen nicht den rechtlichen Vorgaben,
- falsche Angaben z. B.: zur Identität, Staatsangehörigkeit, zu Fluchtgründen,
- schwere Straftaten im Herkunftsland (§ 3 AsylG).

Ist der Asylantrag endgültig abgelehnt, ist die Person ausreisepflichtig und kann – bei Weigerung – in den Herkunftsstaat abgeschoben werden.

203.540 Geduldete lebten zum 15. 04. 2019 in Deutschland.[17]

Abschiebe- bzw. Ausreisehindernisse bestehen z. B. darin, dass
- der Herkunftsstaat keine Passersatzpapiere ausstellt,
- der Geduldete seine Identität oder seinen Herkunftsstaat verschweigt,
- Gefahren für Leib und Leben im Herkunftsstaat bestehen.

Langjährig Geduldete können eine Aufenthaltserlaubnis erhalten, wenn
- sie einen qualifizierten Schul- oder Ausbildungsabschluss[20] machen,
- sie einen Beruf als Fachkraft ausüben,[18]
- sie mind. 8 Jahre in Dtl. leben und „nachhaltig integriert“ sind,
- ein Abschiebehindernis absehbar bestehen bleibt.

---

17 Statistisches Bundesamt, Ausländische Bevölkerung nach aufenthaltsrechtlichem Status (Stand 15. 04. 2019).

18 www.bmi.bund.de/SharedDocs/kurzmeldungen/DE/2019/07/duldungsgesetz-verkuendet.html.

u) Verwirkung von Grundrechten – Art. 18 GG, Wehrhafte Demokratie

Goebbels: „Wir Nationalsozialisten haben offen erklärt, dass wir uns demokratischer Mittel nur bedienten, um die Macht zu gewinnen, und dass wir nach der Machteroberung *unseren Gegnern rücksichtslos alle Mittel versagen ...“* (1934).[19]

Innerhalb eines Jahres setzten die Nationalsozialisten die Weimarer Verfassung außer Kraft und verfügten damit absolut und totalitär über alle Menschen, alle staatlichen Gewalten und ihre Machtmittel.[20]

Anders als die WRV schützt das GG – Ausdruck wehrhafter Demokratie – die Freiheitlich Demokratische Grundordnung (FDGO) durch

Art. 18 GG:	verfassungswidrige Aktivitäten *einzelner Personen,*
Art. 9 Abs. 2 GG:	verfassungswidrige Aktivitäten von *Vereinigungen,*
Art. 21 Abs. 2 GG:	verfassungswidrige Aktivitäten von *Parteien,*
Art. 20 Abs. 4 GG:	Widerstandsrecht für alle Deutschen.

Verwirkung von Grundrechten – Schutzbereich

Missbrauchen einzelne Personen die Grundrechte, um in ernstzunehmender und gefährlicher Art und Weise gegen die FDGO anzukämpfen, verwirken sie das/die missbrauchte/-en Grundrecht/-e:

- Art. 5; 8; 9; 10; 14 und 16a GG

Bei der Verwirkung von Grundrechten „ruhen“ diese begrenzt; sie selbst sind „unverletzlich und unveräußerlich“ (Art. 1 Abs. 2 GG).

- *Antragsberechtigt:* BReg., BTag, LReg. – keine Parteien o. Ä. –
- *Entscheidungsberechtigt:* nur BVerfG aufgrund der Schwere des Eingriffs
- *Entscheidung* des BVerfG über
  - das/die verwirkte/-en Grundrecht/-e
  - den Zeitraum der Verwirkung (mindestens 1 Jahr) und
  - weitere Beschränkungen: insbesondere Wahlrecht, Wählbarkeit, Bekleidung öffentlicher Ämter, Auflösung bei juristischen Personen

Die Grundrechtsverwirkung ist *das äußerste Mittel* gegen Feinde der FDGO.

Das BVerfG hat – obwohl einige Male beantragt – bisher in keinem Fall eine Verwirkung der Grundrechte ausgesprochen.

---

19 Siehe W. Hofer, Der Nationalsozialismus, Seite 27.

20 Die einzelnen Schritte zur totalitären Ordnung, s. S. 68.

v) Schutz der Grundrechte; Garantien bei Grundrechtseinschränkungen – Art. 19 GG

Grundrechtsbindung der staatlichen Gewalten (Art. 1 Abs. 3 GG):

Die Grundrechte binden die drei Gewalten als unmittelbar geltendes Recht:

- Die Gesetzgebung darf Gesetze nur im Rahmen der Grundrechte erlassen.
- Die vollziehende Gewalt hat ihre Maßnahmen in dem von den Grundrechten bestimmten Rahmen zu treffen.
- Die Rechtsprechung hat bei Gerichtsverhandlungen und in Urteilen die Grundrechtssphäre zu wahren.

Schutz vor Abschaffung und Veränderung der Grundrechte

- *Allgemeinheitsgebot* – Art. 19 Abs. 1 GG: Grundrechtseinschränkende Gesetze müssen für alle Menschen gleich gelten, um Bevorzugung oder Benachteiligung zu verhindern.
- *Zitiergebot* – Art. 19 Abs. 1 GG:
  Gesetze müssen das durch sie eingeschränkte Grundrecht zitieren.
- *Wesensgehaltssperre* – Art. 19 Abs. 2 GG:
  Die Grundidee, die Kernaussage des Grundrechts, ist nicht zu verändern.
- *Grundrechtsänderungen* – Art. 79 Abs. 2 GG:
  Sie bedürfen der absoluten ⅔ Mehrheit von BTag und BRat.
- *Absolute Bestandsgarantie*[21] für Art. 1 GG, Art. 79 Abs. 3 GG:
  Art. 1 GG darf weder abgeschafft noch geändert werden.

Rechtsschutz der Grundrechte

- *Rechtsweggarantie* – Art. 19 Abs. 4 GG:
  Die freie Ausübung der Grundrechte kann bei Eingriffen der „öffentlichen", somit der vollziehenden Gewalt vor Gericht eingeklagt werden. Schutz besteht durch den Richter, nicht gegen ihn oder die Gerichte. – Gegen die Judikative kann nicht geklagt werden.
- *Verfassungsbeschwerde beim BVerfG* – Art. 93 Abs. 1 GG:
  Jedermann kann das BVerfG zur Prüfung und Entscheidung über staatliche Grundrechtseingriffe – kostenfrei – anrufen. Voraussetzung ist in der Regel, dass der Rechtsweg ausgeschöpft wurde.

21 Siehe Seite 81, 86.

V. Politische Herrschaftsordnungen

1. Freiheitlich Demokratische Grundordnung (FDGO)

Der Begriff FDGO verbindet die beiden obersten
Grundwerte der staatlichen Ordnung der Bundesrepublik Deutschland:

die Freiheit: das Selbstbestimmungsrecht des Menschen und
die Demokratie: das Selbstbestimmungsrecht des Volkes.

Der Parlamentarische Rat hat den verfassungsrechtlich neuen Begriff FDGO im GG in die Artikel 10, 11, 18, 21 aufgenommen.

Die FDGO
- *verbietet einerseits jeden totalitären Machtstaat und*
- *legt andererseits Freiheit und Demokratie als staatliche Grundwerte fest.*

Eine genaue Begriffsbestimmung leistete das BVerfG 1952 und 1956 beim Verbot der rechtsextremen „Sozialistischen Reichspartei" (NSDAP-Nachfolgepartei) und der linksextremen „Kommunistischen Partei Deutschlands" (KPD).

Die FDGO bestimmt laut BVerfG eine Ordnung, die unter
- Ausschluss jeglicher Gewalt- und Willkürherrschaft
- eine rechtsstaatliche Herrschaftsordnung auf der Grundlage des
- Selbstbestimmungsrechts des Volkes – nach der jeweiligen Mehrheit,
- der Freiheit und
- der Gleichheit darstellt.

Als grundlegende Prinzipien sind der FDGO mindestens (!) zuzurechnen:
- die Achtung vor den im GG konkretisierten Menschenrechten
- die Volkssouveränität
- die Gewaltenteilung
- die Verantwortlichkeit der Regierung
- die Gesetzmäßigkeit der Verwaltung
- die Unabhängigkeit der Gerichte
- das Mehrparteienprinzip
- die Chancengleichheit aller politischen Parteien und das
- Recht auf verfassungsmäßige Bildung und Ausübung einer Opposition

2. Totalitäre Herrschaft

Totalitäre Ordnungen sind das absolute Gegenteil der FDGO.

Merkmale und Eigenschaften totalitärer Herrschaft treten am Beispiel der Errichtung der NS-Diktatur und des Außer-Kraft-Setzens der Weimarer Reichsverfassung (WRV) in aller Deutlichkeit hervor.

„Gesetzesänderungen" zum Ausbau der absoluten Macht- und Willkürherrschaft der NS-Regierung über den Staat und die Bürger werden auszugsweise zitiert[1]:

Verordnung des Reichspräsidenten zum Schutz von Volk und Staat 28. 2. 1933

- Den Deutschen werden Grundrechte entzogen. Das NS-Regime gestattet willkürliche Eingriffe in den öffentlichen und privaten Lebensbereich.
- „Reichstagsbrandverordnung" gemäß Art. 48 Abs. 2 WRV
- § 1 Die Artikel 114, 115, 117, 118, 123, 124 und 153 der Verfassung des Deutschen Reiches werden bis auf Weiteres außer Kraft gesetzt. Es sind daher Beschränkungen der persönlichen Freiheit, des Rechts der freien Meinungsäußerung, einschließlich der Pressefreiheit, des Vereins- und Versammlungsrechts, Eingriffe in das Brief-, Post-, Telegraphen- und Fernsprechgeheimnis, Anordnungen von Haussuchungen und von Beschlagnahme sowie Beschränkungen des Eigentums auch außerhalb der sonst hierfür bestimmten gesetzlichen Grenzen zulässig.

Gesetz zur Behebung der Not von Volk und Staat – Ermächtigungsgesetz 24. 3. 1933

- Das Parlament wird entmachtet. Die Regierung erlässt Gesetze zur Sicherung der eigenen Macht, auch wenn diese von der Verfassung abweichen.
- Art. 1 Reichsgesetze können außer in dem in der Reichsverfassung vorgesehenen Verfahren auch durch die Reichsregierung beschlossen werden.
- Art. 2 Die von der Reichsregierung beschlossenen Reichsgesetze können von der Reichsverfassung abweichen, soweit sie nicht die Einrichtung des Reichstags und des Reichsrats als solche zum Gegenstand haben. Die Rechte des Reichspräsidenten bleiben unberührt.
- Art. 3 Die von der Reichsregierung beschlossenen Reichsgesetze werden vom Reichskanzler ausgefertigt und im Reichsgesetzblatt verkündet.

---

1 Siehe W. Hofer, Der Nationalismus S. 53 ff.

Gesetz gegen die Neubildung von Parteien 14. 7. 1933

- Die Reichsregierung hat das folgende Gesetz beschlossen ...:
- § 1 In Deutschland besteht als einzige politische Partei die Nationalsozialistische Deutsche Arbeiter-Partei.

Das Ende der Länderhoheit

- In Deutschland bestimmt nur noch die Reichsregierung unter Hitler.

  a) Gesetz über den Neubau des Reiches 30. 1. 1934

  Art. 1 Die Volksvertretungen der Länder werden aufgehoben.

  Art. 2 (1) Die Hoheitsrechte der Länder gehen auf das Reich über.

  (2) Die Landesregierungen unterstehen der Reichsregierung.

  b) Gesetz über die Aufhebung des Reichsrats 14. 2. 1934

  Die Reichsregierung hat das folgende Gesetz beschlossen ...:

  § 1 (1) Der Reichsrat wird aufgehoben.

Vollendung der unumschränkten Diktatur

- Hitler macht sich zum obersten absoluten Herrscher. Reichswehr und auch Beamtenschaft werden nicht auf die WRV vereidigt, sondern auf seine Person.

  a) Gesetz über das Staatsoberhaupt des Deutschen Reichs 1. 7. 1934

  Die Reichsregierung hat das folgende Gesetz beschlossen ...:

  § 1 Das Amt des Reichspräsidenten wird mit dem des Reichskanzlers vereinigt. Infolgedessen gehen die bisherigen Befugnisse des Reichspräsidenten auf den Führer und Reichskanzler Adolf Hitler über. Er bestimmt seinen Stellvertreter.

  b) Die Vereidigung der Wehrmacht auf Adolf Hitler 2. 8. 1934

  „Ich schwöre bei Gott diesen heiligen Eid, dass ich dem Führer des Deutschen Reiches und Volkes Adolf Hitler, dem Oberbefehlshaber der Wehrmacht, unbedingten Gehorsam leisten und als tapferer Soldat bereit sein will, jederzeit für diesen Eid mein Leben einzusetzen."

Für den staatlichen Bereich ließe sich die Liste der Gesetze weiter verlängern. Die Gesetze, die für alle öffentlichen und privaten Lebensbereiche zur Festigung der Macht der NSDAP und zur Gleichschaltung der Menschen in Kultur, Familie, Sport, Wirtschaft und Arbeitsleben, Freizeit erlassen wurden, können hier nicht aufgeführt werden. Sie erfassen totalitär das gesamte Lebensumfeld der Menschen von der Geburt bis zum Tod.

VI. Organe der politischen Willensbildung

Das Grundgesetz schützt in Art. 5, 9 und 21 sowohl

- *den Bürger*, der in seinem persönlichen Umfeld seine Ansichten, Ziele und Interessen öffentlich vertritt, als auch
- *die Organe*, die es ihm ermöglichen, an der politischen Willensbildung im Staat und in der Gesellschaft teilzuhaben.

1. Massenmedien (MM)

„Alles was wir über unsere Gesellschaft, ja über die Welt, in der wir leben, wissen, wissen wir durch die Massenmedien." (Niklas Luhmann)

Massenmedien

- übermitteln als Sender durch einseitige Kommunikationstechniken
- einem breiten Publikum als Empfänger
- Inhalte aus den verschiedenen gesellschaftlichen Bereichen.

Verfassungsrechtliche Grundlage

Art. 5 GG gewährleistet das Wirken der MM im demokratischen Staat.

- Die Pressefreiheit garantiert den Massenmedien, ihre Berichte, Meinungen, Kommentare frei und ohne staatliche Zensur zu verbreiten.
- Die Informationsfreiheit garantiert dem Bürger, aus dem Angebot der Massenmedien frei zu wählen.
- Als Schranken der Freiheitsrechte des Art. 5 GG bestimmt Abs. 2 (s. S. 49)
  - die allgemeinen Gesetze: allg. Persönlichkeitsrecht, Eigentum u. A.,
  - den Schutz der Jugend z. B. vor Gewaltverherrlichung, Rassenhass
  - das Recht der persönlichen Ehre z. B. vor Beleidung, übler Nachrede.

Arten der Massenmedien

Presse:

- Regelmäßig erscheinende Zeitungen und Zeitschriften werden
- mit aktuellem politischen, wirtschaftlichen, gesellschaftlichen Inhalt
- in privaten Verlagen herausgegeben.

Rundfunk und Fernsehen:

- In Wort, Ton und Bild verbreitete Sendungen und Programme
- zu allen gesellschaftlichen Themen und Interessen. Anfangs alleine von
- den öffentlich rechtlichen Rundfunkanstalten der Länder ausgestrahlt,
- bieten private Sender oft vielfältigere Programme an.

Internet:

- über die Plattform Internet sind die verschiedenen MM abzurufen.

Weitere Arten der Massenmedien: Buch, Film, Video, PC, Streaming Dienste u. a.

Zur Bedeutung der Massenmedien führt das BVerfG aus:

- „Soll *der Bürger* politische Entscheidungen treffen, muss er umfassend informiert sein, aber auch die Meinungen kennen und gegeneinander abwägen können, die andere sich gebildet haben.
- *Die Presse*[1] hält diese ständige Diskussion in Gang, sie beschafft die Informationen, nimmt dazu Stellung und wirkt dazu als orientierende Kraft in der öffentlichen Auseinandersetzung ...".
- Die *öffentlich-rechtlichen Rundfunkanstalten* tragen besondere Verantwortung.

Aufgaben der Massenmedien sind demnach

Information der Bürger

- über wichtige Ereignisse und Entwicklungen zu Politik, Gesellschaft, Wirtschaft, Wissenschaft, Technik usw.
- durch das Beschaffen und Verbreiten von Nachrichten sowie
- durch objektive und umfassende Berichte und Meldungen

Mitwirkung an der Meinungsbildung durch

- Darstellen der pluralistischen Meinungs- und Interessenvielfalt
- Förderung der politischen Willensbildung und durch
- Kommentare und Stellungnahmen

Kontrolle staatlicher Machtausübung – als „4. Gewalt" – durch

- Aufdecken von Missständen sowie
- Kritik an politischen Entscheidungen und Entwicklungen

1 die MM allgemein – nicht die sozialen Medien (s. u.).

Gefahren für die Informations- und Pressefreiheit

„Die Organisation des öffentlich-rechtlichen Rundfunks muss als Ausdruck des Gebots der Vielfaltsicherung dem Gebot der Staatsferne genügen. Danach ist der Einfluss der staatlichen und staatsnahen Mitglieder in den Aufsichtsgremien konsequent zu begrenzen." (1 BvF 1/11, 1 BvF 4/11 vom 24. 03. 2014)

Weitere Gefahren betreffen die Ausrichtung der Medien selbst:

- Mangelnde Objektivität, Parteilichkeit und Einseitigkeit
- Ausrichtung nur auf die Auflage steigernde Sensationen
- Missachtung der Persönlichkeitssphäre (Art. 2 Abs. 1 GG)
- Medienkonzentration und Verringerung der Meinungsvielfalt
- Abhängigkeit der Journalisten von den Weisungen des Verlegers
- Abhängigkeit von zahlungskräftigen Inserenten und Lobbyinteressen

Soziale Medien – Soziale Netzwerke

Der Begriff „Soziale Medien"

wird meistens für Anbieter, Provider, wie Facebook, whatsapp, Twitter & Co. als Beziehungs- und Kontaktnetzwerke im Internet verwandt. Hier können die Mitglieder ein sichtbares Profil erstellen, Fotos, Kontakt- und Freundeslisten oder Nachrichten austauschen. Der Begriff umfasst aber auch Foto- und Videoplattformen, Blogs, Online-Foren und Online-Communities

Die Möglichkeiten Sozialer Medien im Internet:

- Da keine zeitlichen, räumlichen oder finanziellen Hürden bestehen,
- können viele Nutzer, User, miteinander kommunizieren
- und mediale Inhalte wie Texte, Bilder, Videos, Musik u. a. austauschen.
- Jeder kann selbst erzeugte Inhalte im Web bereitstellen und
- allgemein zugänglich oder in geschlossenen Gruppen verbreiten.
- Die Inhalte umfassen alle nur denkbaren Lebensbereiche, da sie
- auch anonym oder im intimen Kreis veröffentlicht werden können.

Verantwortlichkeit und Kontrolle der Inhalte durch die Provider

- Eine Verpflichtung zur objektiven Information und pluralistischen Meinungsbildung (s. o.) besteht nicht.
- Soziale Netzwerke existieren fast ausschließlich von Einnahmen aus Werbeanzeigen, gesponserten Beiträgen oder PR-Material.

- Zur Optimierung der Werbung werden die persönlichen Daten[2] der User benutzt.
- Inhalte und Personen bewerten sie nach der Anzahl von „Likes", „Followers", damit nach ihrem kommerziellen Wert[3].
- Es besteht fast keine Kontrolle der Inhalte der User.
- Mathematische Algorithmen entscheiden – nicht die Realität.
- Rechtswidrige Inhalte wie Hassposts z. B. gegen Politiker, radikale Propaganda, Fremdenfeindlichkeit, Mobbing, „fake news", Wähler-Profiling u. a. werden oft nur durch Dritte identifiziert, nicht vom Provider selbst.
- Trotz gesetzlicher Verpflichtung wird nachweislich nur die Hälfte der rechtswidrigen Inhalte gelöscht.

Verschärfte Beschränkungen gegen rechtswidrige Inhalte

- Der Europäische Gerichtshof (EuGH)[4] entschied am 04. 12. 2019, dass Host-Provider wie Facebook rechtswidrige Inhalte nicht nur entfernen, sondern auch weitere wort- und sinngleiche Inhalte löschen müssen.
- Die BReg hat am 01. 04. 2020 eine Verschärfung des Netzwerkdurchsetzungsgesetz (NetzDG von 2017) beschlossen.[5]
  - Für klar strafbare Inhalte wird die Löschfrist und -pflicht der Host-Provider von 24 Std (NetzDG von 2017) bekräftigt.
  - Bedrohungen und Beleidigungen sollen Betroffene leichter anzeigen können. Bei einer Klage können sie die erforderlichen Daten anfordern, Gerichte können die Herausgabe der Identität des Beleidigers verlangen.
  - Host-Provider müssen dem BKA bei schweren Straftatbeständen wie Morddrohungen, Volksverhetzung u.a. die Absender-IP-Adresse übermitteln.
  - Es besteht die Pflicht zur Passwortherausgabe.
  - Das Gesetz zur Bekämpfung des Rechtsextremismus und der Hasskriminalität[6] konkretisiert die Straftatbestände, die an das BKA zu melden sind.

---

2 informativer Link, der die Zugriffsberechtigungen des facebook-messenger auflistet. https://www.verbraucherzentrale.nrw/wissen/digitale-welt/soziale-netzwerke/facebook-messenger-umgehen-nachrichten-lesen-ohne-zwangsapp-13735.

3 www.heise.de/select/ct/2019/13/1561115463218380 – abgerufen am 10.12.2019.

4 www.lto.de/recht/hintergruende/h/eugh-c18–18-loeschpflicht-host-provider-facebook-notice-and-take-down-ehrverletzung/– abgerufen am 10.12.2019.

5 https://www.bmjv.de/SharedDocs/Artikel/DE/2020/040120_NetzDG.html.

6 https://www.bmjv.de/SharedDocs/Gesetzgebungsverfahren/DE/Bekaempfung_Rechtsextremismus_Hasskriminalitaet.html abgerufen am 20.05.2020.

(Beide Gesetzesentwürfe der BReg liegen zum vorliegenden Zeitpunkt (Stand 20.05.20) dem BTag vor. Änderungen sind damit noch möglich.)

2. Interessen – Verbände

Verfassungsrechtliche Grundlage

Art. 9 GG gewährleistet die freie Gründung und Betätigung von Verbänden und ihre Teilnahme am Prozess der Meinungs- und Willensbildung.

Verbände

- bestehen aus mehreren Personen, die sich
- auf Dauer zusammengeschlossen und organisiert haben, um ihre
- gleichgerichteten Einzelinteressen und -ziele gebündelt
- für sich und gegenüber anderen durchzusetzen.

Zu den Verbänden zählen

- die einige Mitglieder zählende Bürgerinitiative zur Verkehrsberuhigung
- und die etwa sieben Millionen Mitglieder zählenden Gewerkschaften.

Die Interessenvertretung der Verbände bezieht sich auf Politik, Wirtschaft, Arbeit, Soziales, Umwelt, Verkehr, Kultur, Religion, Sport, Freizeit usw.

Aufgaben der Verbände

- *nach innen auf die Mitgliederschaft gerichtet:*
  - Betreuung und Beratung der Mitglieder
  - Stärkung der Geschlossenheit und des Durchsetzungsvermögens
  - organisatorisch – personell – finanziell –
  - Sammeln und Bündeln der Einzelinteressen zu durchsetzbaren Zielen
- *nach außen auf die Öffentlichkeit gerichtet:*
  - Vertretung der Interessen und Ziele in der Öffentlichkeit
  - kritische Abgrenzung zu konkurrierenden Interessen und Verbänden
  - Einflussnahme auf politische und staatliche Organe

Die Einflussnahme der Verbände zielt auf folgende Entscheidungsträger:

Parteien:

- Mitgliedschaft, Arbeit in Parteiämtern, Parteispenden u. a.

Parlamente:

- Lobbyismus, die Einflussnahme auf Parlamentarier

- Unterstützung der Wahl von Interessenvertretern in die Parlamente
- Beratung und Anhörung im Gesetzgebungsverfahren

Regierungen/Ministerien:

- Beratungen und Anhörungen zu Gesetzesinitiativen und Verordnungen
- in manchen Fällen sogar die direkte Mitarbeit in den Ministerien
- Beratung durch Fachleute der Verbände mit Spezialkenntnissen

Öffentlichkeit:

- Öffentlichkeitsarbeit, Werbung, eigene Medien

2318 Verbände und deren Vertreter sind beim Bundestag registriert.[7] Etwa 6000 Lobbyisten arbeiten in Berlin. Mächtige Verbände betreiben große Büros, Kanzleien und Repräsentationen.

Der Staat ist bei der Erstellung von Gesetzen und Verordnungen auf Fachleute beispielsweise mit technischen oder medizinischen Spezialkenntnissen angewiesen. Diese kommen jedoch meistens aus Verbänden. Um keiner Beeinflussung durch Einzelinteressen zu unterliegen, bedarf es der kritischen Anhörung und Abwägung der Argumente *aller Beteiligten im Interesse des Ganzen.*

Gefahren der Interessenvertretung durch Verbände

- Einzelinteressen werden ohne Rücksicht auf das Gemeinwohl vertreten.
- Fehlende Chancen- und Waffengleichheit
  - Kleinere, schwächere Verbände unterliegen oft.
  - Nicht-Organisierte werden selten berücksichtigt.
- Zu starker Einfluss auf politische und staatliche Organe
- Der Streit von Verbänden spaltet – beabsichtigt oder nicht – die öffentliche Meinung und blockiert wichtige politische Entscheidungen.
- Verbände arbeiten oft verdeckt, nicht öffentlich, damit undemokratisch.
- Verbände unterliegen keiner demokratischen Kontrolle wie die Parteien.

Diese Gefahren zu verringern, streben verschiedene Organisationen an:

Abgeordnetenwatch.de veröffentlicht für alle Abgeordneten

- die berufliche Qualifikation und ausgeübte Tätigkeit,
- die Mitarbeit in Ausschüssen und Gremien,
- Tätigkeiten und Einkünfte neben dem Mandat und

7 Deutscher Bundestag, Bekanntmachung der öffentlichen Liste über die Registrierung von Verbänden und deren Vertretern vom 09. 05. 2019.

- das Abstimmungsverhalten bei wichtigen Entscheidungen.
- Antworten auf Fragen von Bürgern zu aktuellen Themen

Transparency International Deutschland e. V. verfolgt als Ziele:

- Bekämpfung von Korruption und Lobbyismus
- Korruptionsprävention in der öffentlichen Verwaltung
- Recht auf Information und Akteneinsicht in der öffentlichen Verwaltung

3. Parteien (Art. 21 GG)

Parteien

- sind ein fester Zusammenschluss gleichgesinnter Bürger
- mit langfristigen, dem *Allgemein*interesse verpflichteten Zielen, die sie
- nach Wahlen in Parlamenten, eventuell als Regierungspartei vertreten.
- „Die Parteien wirken an der politischen Willensbildung des Volkes mit".

Verfassungsrechtliche Stellung

Art. 21 GG bestimmt die Aufgaben und Pflichten der Parteien.

Die Parteien stehen im GG

- direkt hinter Art. 20 GG – den staatlichen Grundprinzipien – und
- vor den Staatsorganen.

Die Parteien genießen damit keine Bevorzugung, sie haben vielmehr eine *besondere Verantwortung und Verpflichtung* für die

- Verwirklichung von Demokratie, Rechts-, Sozial- u. Bundesstaatlichkeit,
- „lebendige Verbindung" zwischen Volk und Staatsorganen und
- „politische Willensbildung des Volkes" (Auftrag nach Art. 21 GG).

Aufgaben ergeben sich hieraus für folgende Bereiche:

Parteiarbeit:

- Zur Verbesserung der Situation der Bürger in Staat und Gesellschaft
- entwickeln Parteien jeweils Programme und inhaltliche Alternativen.
- Sie befähigen Bürger zur Übernahme öffentlicher Verantwortung.

Öffentlichkeit:

- Die Parteien klären über die politische Lage, Probleme und Aufgaben auf,
- informieren die Bürger über inhaltliche und personelle Alternativen und
- fördern die politische Bildung und Beteiligung am politischen Leben.

Volksvertretung:

- In Wahlen suchen die Parteien die Zustimmung der Bürger, um
- in den Parlamenten ihre inhaltlichen und personellen Ziele umzusetzen.
- Zwischen Wählern und Gewählten haben die Parteien eine „lebendige Verbindung“ zu wahren.

Die Freiheit der Gründung und Betätigung von Parteien bedingt folgende Prinzipien der FDGO:

- *Mehrparteiensystem*:
  Vielfalt unterschiedlicher Parteien mit konkurrierenden inhaltlichen und personellen Profilen
- *Chancengleichheit der politischen Parteien:*
  gleiche Rechte für alle Parteien zur Erfüllung ihrer Aufgaben
- *Recht auf Opposition:*
  das Recht, widersprüchliche Meinungen und Interessen zur Parlaments- und Regierungsmehrheit zu vertreten

Innerparteiliche Demokratie und Willensbildung

Demokratische Grundsätze gelten für die innere Ordnung der Parteien:

- Parteieintritt und -austritt sind frei, Zwangsmitgliedschaft ist verboten.
- Parteien sind bundesstaatlich, nicht zentralistisch gegliedert.
- Die Parteimitglieder entscheiden auf Parteitagen und -versammlungen
  - über Personalien: Besetzung von Vorständen, Ausschüssen usw.
  - über Inhalte: Sachfragen, Programme und Ziele usw.
- Wahlen und Abstimmungen erfolgen frei, gleich, geheim, allgemein.

Öffentliche Rechenschaft über die Parteifinanzen[8]

Aufgrund ihrer vielfältigen öffentlichen und staatlichen Aufgaben haben Parteien umfangreiche Einfluss- und Entscheidungsmöglichkeiten. Um die finanzielle Einwirkung von Personen und Interessen abzuwehren, haben die Parteien

öffentliche Rechenschaft abzugeben:

- *Herkunft* ihrer Mittel:
  Mitgliedsbeiträge, Wahlkampfkostenerstattung, Spenden, staatliche Zuwendungen u. a.

8 Siehe: Hitschold/Reiners, S. 311.

- *Verwendung* ihrer Mittel:
  Partei-, Öffentlichkeitsarbeit, Wahlkämpfe u. a.
- *Vermögen* und *Erträge*:
  Beteiligung an Medienkonzernen, Zinsen u. a.

Parteienfinanzierung: Parteien erhalten vom Staat

1,02 Euro pro Wählerstimme	bis	4 Millionen Stimmen
0,84 Euro pro Wählerstimme	über	4 Millionen Stimmen

0,45 Euro pro 1 Euro Mitgliedsbeitrag oder Spende (max. 3300 Euro)

eine Partei erhält nicht mehr Geld, als sie selbst einnimmt.

(Bundestag Stand 2019)

Verfassungswidrigkeit von Parteien (Art. 21 Abs. 2 GG)

Voraussetzungen:	Die Ziele der Partei oder das Verhalten ihrer Anhänger sind gegen den Bestand der Bundesrepublik oder gegen die FDGO gerichtet.
Antragsberechtigt:	nur Bundestag, Bundesrat, Bundesregierung
Entscheidungsberechtigt:	ausschließlich das BVerfG, um einen Missbrauch durch konkurrierende Parteien oder ihre Mitglieder in den Staatsorganen zu verhindern.

Ausschluss verfassungswidriger Parteien von der Parteienfinanzierung

Nach dem gescheiterten NPD-Verbotsverfahren 2017 hat das BVerfG auf einen möglichen Ausschluss verfassungswidriger Parteien von der Parteienfinanzierung hingewiesen.

Der Art. 21 GG wurde daraufhin ergänzt.

Sind die Voraussetzungen der Verfassungswidrigkeit (s. o.) erfüllt, werden *verfassungswidrige Parteien von folgenden Vergünstigungen ausgeschlossen:*

- staatliche Parteienfinanzierung (s. o.)
- steuerliche Begünstigung z. B. von Ausgaben für Miete, Personal, Material

Über den Ausschluss von der Finanzierung entscheidet das BVerfG.

Beachtenswert ist die Kolumne von Rezo in der ZEIT vom 03. 12. 2019:

„Was soll ich in einer Partei?“

und der direkte Kommentar von Bundespräsident Farank-Walter Steinmeier.[9]

9 https://www.zeit.de/kultur/2019–12/demokratie-jugendliche-parteizugehoerigkeit-engagement-rezo?cid=50724313#cid-50724313.

VII. Staatliche Grundprinzipien

1. Art. 20 GG und Art. 20 a GG

a) Art. 20 GG Verfassungsgrundsätze – Widerstandsrecht

Art. 20 GG leitet den 2. Teil des GG: „Der Bund und die Länder“ ein. Als

- *„Verfassung in Kurzform“* angelegt, ist er durch die
- *„absolute Bestandsgarantie“* vor jeder (!) Änderung geschützt.

Als **staatliche Grundprinzipien** bestimmt er:

Abs. 1: *Republik* als Staatsform – *Demokratie, Sozialstaat* und *Bundesstaat*

Abs. 2: *Volkssouveränität, mittelbare Demokratie, Gewaltenteilung*

Abs. 3: *Rechtsstaatliche Grundsätze: Bindung der 3 Gewalten*

Abs. 4: *Das Widerstandsrecht*

Allen deutschen Staatsbürgern steht als Ausdruck wehrhafter Demokratie das Widerstandsrecht zu.

Voraussetzungen der Inanspruchnahme:

- Beseitigung der staatlichen Ordnung des Art. 20 Abs. 1 bis 3 GG
- andere Abhilfe ist nicht möglich; der demokratische Rechtsstaat ist nicht mehr handlungsfähig.

Das einzige Ziel des Widerstandsrechts ist ausschließlich die

- Wiederherstellung der staatlichen Ordnung des Art. 20 GG.

b) Art. 20 a GG – Schutz der natürlichen Lebensgrundlage und der Tiere

Das *Staatsziel* betont den Schutz der „natürliche Lebensgrundlage und der Tiere“, somit der Umwelt und der Naturschätze als Voraussetzung des Lebens überhaupt:

- Menschen, Tiere, Pflanzen, Wasser, Boden, Luft, Klima usw.

Das Staatsziel betont im Sinne der Nachhaltigkeit auch die gegenwärtige Verantwortung für die Lebensgrundlage zukünftiger Generationen. Dieses verpflichtet den Staat etwa zur gesetzlichen Vorsorge und Verhinderung von Schädigungen.

- Die *Verwirklichung des Staatsziels* ist eine vorrangige staatliche Aufgabe,
- die in *Rechtsgüterabwägung* mit anderen Prinzipien zu leisten ist.
- Es besteht jedoch kein Rechtsanspruch gegenüber dem Staat.

2. Demokratie

a) Begriff

Demokratie bedeutet Volksherrschaft. Sie geht auf die griechische Antike zurück.

Da sich heute auch totalitäre Staaten als Demokratie bezeichnen, muss der Begriff durch weitere Merkmale eingegrenzt werden:

Demokratie bedeutet nach A. Lincoln (amerikanischer Präsident):

– government	Herrschaft
– of the people	des Volkes,
– by the people	durch das Volk,
– for the people	für das Volk.

Das heißt:

- Der Träger der Staatsgewalt ist das Volk,
- die Ausübung erfolgt durch das Volk
- im Interesse des Volkes.

Das geschieht durch die

- *Wahl oder Abwahl* von *Personen,*
- *Abstimmung* über *Sachfragen.*

b) Grundformen der Demokratie

Mittelbare – indirekte – repräsentative Demokratie

Das Volk ist Träger der Staatsgewalt.

Jeder Bürger wählt Volksvertreter, Repräsentanten.

- Diese besitzen nur für einen begrenzten Zeitraum
- zur Ausübung staatlicher Macht ein Mandat.
- Sie sind dem Gesamtinteresse des Volkes verantwortlich.

Zwei Arten des Mandats unterscheidet man.

Freies Mandat:

- Der Volksvertreter, Repräsentant, ist
- nicht an Aufträge und Weisungen gebunden;
- nur seinem Gewissen verantwortlich und
- dem ganzen Volk verpflichtet.
- Das Mandat besteht nur für einen fest begrenzten Zeitraum.

Imperatives Mandat:

- Der Volksvertreter, Repräsentant, ist
- an Aufträge und Weisungen
- seiner Wähler, Partei o. Ä. gebunden.
- Abweichendes Verhalten kann zur vorzeitigen Abwahl führen.

Das imperative Mandat bindet den Volksvertreter stark an seine Wähler oder Partei und verwirklicht schon Elemente plebiszitärer Demokratie.

Unmittelbare – direkte – plebiszitäre Demokratie

Das Volk ist Träger der Staatsgewalt.

Durch Wahlen und Abstimmungen ist jeder Bürger unmittelbar

- für die Ausübung staatlicher Macht
- im Eigen- und Gesamtinteresse verantwortlich.

Abstufungen zwischen repräsentativer und plebiszitärer Demokratie

Viele Demokratien verknüpfen repräsentative und plebiszitäre Elemente.

Die *Wahl* der Volksvertreter in der mittelbaren Demokratie kann durch

- die Wahl des Staatsoberhauptes (Präsidialdemokratie),
- die Wahl von Verwaltungs- und Vollzugsbeamten,
- die Wahl der Richter ergänzt werden.

Die *Abstimmung* über wichtige Sachfragen kann durch

- plebiszitärer Akte wie Volksbegehren und Volksentscheid erfolgen.

c) Plebiszitäre Akte

Volksbegehren: Eine festgeschriebene Anzahl der Wahlbürger stellt an das Parlament einen Antrag, ein aktuelles politisches Thema zu lösen oder einen Volksentscheid herbeizuführen.

Volksentscheid: Die Staatsorgane bindende Entscheidung der Wahlbürger über ein aktuelles politisches Thema durch Zustimmung oder Ablehnung: ja/nein.

Volksbefragung: Die Staatsorgane nicht bindende, nur informierende Abstimmung der Wahlbürger.

Zum Ende der Weimarer Republik missbrauchte die NSDAP Volksentscheide durch Demagogie und Propaganda und nutzte die Not der Menschen aus. Plebiszitäre Akte wurden deshalb nicht ins GG aufgenommen.

Im überschaubaren Bereich der Länderverfassung bestehen sie.

Nach der deutschen Einheit wurde im Rahmen der Verfassungsreform das

Pro und Contra plebiszitärer Akte ausführlich diskutiert.

Die Gegner plebiszitärer Akte setzten sich am Ende durch.

Pro:

- Aktive Teilnahme der Bürger an politischen Entscheidungen
- Einbindung in die politische und staatliche Verantwortung
- Verhinderung von Politikverdrossenheit: „Die da oben!“, „Ohne uns“
- Volksvertreter sind vielfältig gebunden, etwa durch den Fraktionszwang.

Kontra:

- Volksentscheide sind kompliziert und langwierig.
- Not- und Krisenzeiten können ausgenutzt werden.
- Sachentscheidungen sind nicht auf „ja“ oder „nein“ zu verkürzen.
- Der fachunkundige Bürger glaubt leicht Medien, Parteien, Verbänden.
- Bei nachlassender Beteiligung entscheidet eine interessierte Minderheit.

d) Die parlamentarische Demokratie der Bundesrepublik Deutschland

Art. 20 Abs. 2 GG

„Alle Staatsgewalt geht vom Volke aus. Sie wird vom Volke in Wahlen und Abstimmungen und durch besondere Organe der Gesetzgebung, der vollziehenden Gewalt und der Rechtsprechung ausgeübt.“

Die Bundesrepublik Deutschland ist damit eine *repräsentative Demokratie*:

- Träger der Staatsgewalt ist das Volk.

Die Volksvertreter haben

- bei der Ausübung der Staatsgewalt,
- die Interessen des „ganzen Volkes“ zu verwirklichen. (Art. 38 Abs. 1 GG)

Um die Volksvertreter an das Volk zu binden, schreibt das GG folgende Prinzipien fest, die nachfolgend erläutert werden:

- Volkssouveränität
- Mehrheitsprinzip
- Wahlen[1]
- Kommunikationsgrundrechte[2]
- Pluralismus

Volkssouveränität – Legitimationskette

Das Volk ist oberster Souverän im Staat – Träger der Staatsgewalt:

- Jede Wahl von Abgeordneten oder von Vertretern anderer Staatsorgane,
- jede Abstimmung über Sachfragen muss
- unmittelbar oder
- mittelbar durch ununterbrochene Legitimation[3]
- vom Volk getragen werden.

Das Volk wählt

- unmittelbar
- die Abgeordneten des Deutschen Bundestages.

---

1 Demokratische Bedeutung, Wahlsysteme, siehe Kapitel VIII, S. 106 ff.

2 Inhalt und demokratische Bedeutung der Art. 5, 8 und 9 GG siehe Kapitel IV, Seite 49 ff.

3 Siehe: Die obersten Bundesorgane: Wahl, Legitimation, Aufgaben, Kapitel IX, S. 111.

Die Abgeordneten entscheiden
- mittelbar im Namen des Volkes über die
  - *Wahl* der Vertreter anderer Staatsorgane, der Exekutive und Judikative,
  - *Kontrolle* der anderen Staatsorgane, speziell der Regierung,
  - *Gesetzgebung* und bei Abstimmungen zu allen politischen Themen.

Die Abgeordneten des Deutschen Bundestages (MdB)
- besitzen ein *„freies Mandat"* (s. S. 114)
- für vier Jahre, die Legislaturperiode des Bundestages.

Mehrheitsprinzip und Minderheitenschutz

„Alle Staatsgewalt geht vom Volke aus."

Wie die Staatsgewalt konkret ausgeübt wird und wie die unterschiedlichen Interessen vertreten und durchgesetzt werden, ist in der praktischen Politik zwischen den Bürgern und Volksvertretern oft strittig.

Die Mehrheit der Bürger und ihrer Vertreter ist deshalb nach intensiven öffentlichen Diskussionen bei Wahlen und Abstimmungen entscheidend.

Die Minderheit muss diese Entscheidung nicht bejahen, sie ist jedoch an sie gebunden. Die Chancengleichheit ermöglicht es der Minderheit, der Opposition, ihre Standpunkte mehrheitsfähig zu machen.

Mehrheitsentscheidungen schaffen im Gesamtinteresse
Rechtssicherheit und Rechtsfrieden.

Beschränkungen von Mehrheitsentscheidungen[4] bestehen zum Schutz von Minderheiten und Schutz des Bestands der Verfassung vor Änderungen.
- *„Absolute Bestandsgarantie"* (Art. 79 Abs. 3 GG) wird gewährleistet für
  - Art. 1 GG: Menschenwürde, Grundrechtsbindung staatlicher Gewalt,
  - Art. 20 GG: Grundlagen staatlicher Ordnung, Widerstandsrecht,
  - Aufteilung des Bundes in Länder,
  - Mitwirkung der Länder bei der Gesetzgebung.
- Der Wesensgehalt der Grundrechte ist ebenso unantastbar.
- *Die absolute Zweidrittelmehrheit* von BTag und BRat[5] ist für Änderungen der Verfassung Voraussetzung.
- *Die absolute Mehrheit* von BTag und BRat[5] ist für Erlass und Änderung von Zustimmungsgesetzen Voraussetzung.

---

4 Detaillierte Angaben zu den Mehrheiten: Siehe: Bundestag, Seite 116 ff.

5 Nähere Angaben zum Gesetzgebungsverfahren: siehe Seite 127.

Pluralismus

Pluralismus zeigt sich in der gesellschaftlichen und politischen Vielfalt der

– Meinungen – Interessen – Organisationen – Parteien.

Pluralismus schafft somit die Grundvoraussetzungen für die

- politische Willensbildung und
- politische Mitwirkung der Bürger in der Demokratie.

Grundrechtlich geschützt wird der Pluralismus durch

- Art. 2 GG Freie Entfaltung der Persönlichkeit,
- Art. 3 GG Gleichheit vor dem Gesetz,
- Art. 5 GG Meinungs-, Informations- und Pressefreiheit,
- Art. 8 GG Versammlungsfreiheit,
- Art. 9 GG Vereinigungs- und Koalitionsfreiheit.

Pluralismus (Definition nach Kurt Sontheimer*):*

Pluralismus ist das freie und gleichberechtigte durch grundrechtliche Garantien geschützte (s. o.) Nebeneinanderexistieren und -wirken (Konkurrenzprinzip, CW) einer Vielzahl sozialer Gruppen in der staatlichen Gesellschaft.

Bedeutung des Pluralismus

Verhinderung von

- autoritärer oder totalitärer Herrschaft
- Vorrechten und Vormacht einzelner Personen, Gruppen, Kartelle
- gesellschaftlichen Ungleichgewichten und Ungleichheit

Schaffung und Förderung von

- Öffentlichkeit durch das Offenlegen und Darlegen der Einzel-Interessen
- Konkurrenz der Lösungsansätze zu gesellschaftlichen Reformen
- zusätzliche Gewaltenteilung zur Kontrolle gesellschaftlicher Macht

Pluralismus als demokratisches Prinzip beruht auf folgenden

Voraussetzungen

Einhalten rechtlicher Grundprinzipien:

- Achtung des gesellschaftlichen Allgemeinwohls und Gesamtinteresses
- Achtung der Rechte anderer Personen und Interessengruppen
- Chancengleichheit auch der Schwächeren und Benachteiligten
- Recht auf Opposition

Einhalten demokratischer Grundsätze:
- Toleranz und Kompromissbereitschaft
- öffentliche Diskussion konkurrierender Standpunkte
- Anerkennen demokratischer Mehrheitsentscheidungen

3. Rechtsstaat

Aufgabe und Ziel des Rechtsstaates sind es
- staatliche Gewalt- und Willkürherrschaft auszuschließen,
- Grundrechte als Freiheitsrechte gleichberechtigter Menschen zu garantieren,
- die staatliche(n) Gewalt(en) an Verfassung, Recht und Gesetz zu binden.

Im Artikel 28 bekennt sich das Grundgesetz zum *demokratischen und sozialen Rechtsstaat.*

a) Liberaler – sozialer – demokratischer Rechtsstaat

Der liberale Rechtsstaat gewährt (!) den Bürgern als positives Recht
- die Grundrechte – hauptsächlich die Freiheitsrechte zu Lasten der Gleichheitsrechte – im persönlichen und wirtschaftlichen Bereich und
- schützt diese beiden Bereiche vor übermäßigen staatlichen Eingriffen. Generell ist die staatliche Macht an die Gesetze gebunden.

Die liberale Freiheit des Einzelnen kann schnell in Unfreiheit umschlagen:

Freiheit bedeutet Selbständigkeit und Eigenverantwortlichkeit. Jeder ist nur für sich alleine „seines Glückes Schmied". Kann er aber im „freien Spiel der Kräfte" nicht mithalten, geht er hilflos unter. Die Verelendung von zigmillionen Menschen in Folge der Weltwirtschaftskrise ab 1929 verdeutlicht dieses schicksalshaft.

Die Nationalsozialisten präsentierten sich als „nationale Retter" und bauten so ihr totalitäres und zugleich menschenverachtendes Regime auf.

Der soziale Rechtsstaat des Grundgesetzes gewährleistet (!) und schützt
- die Freiheit nicht nur vor Eingriffen.
  Sie ist, verbunden dem Sozialstaatsgebot des Art. 20 GG, durch staatliche Hilfen und Sicherungen zu fördern, um so
- Gleichheit – vor dem Gesetz – und

– Menschenwürde zu garantieren.

Der demokratische Rechtsstaat des Grundgesetzes bindet

– die Gesetzgebung, vollziehende und rechtsprechende Gewalt
– an die Legitimation durch das Volk:
  „Alle Staatsgewalt geht vom Volke aus." (Art. 20 Abs. 2 GG)

Die obersten Grundwerte des demokratischen und sozialen Rechtsstaates sind durch die *„Absolute Bestandsgarantie"* unveränderlich geschützt.

Voraussetzungen des Rechtsstaates (Absätze b – g):

Gewährleistung der Grundrechte	Art. 1 Abs. 2 u. 3 GG
Gewaltenteilung	Art. 20 Abs. 2 u. 3 GG
Gesetz und Rechtmäßigkeit staatlichen Handelns	Art. 20 Abs. 3 GG
Rechtssicherheit und Vertrauensschutz	
Lückenloser Rechtsschutz	Art. 19 Abs. 4 GG
ergänzend: Justizgrundrechte	Art. 101 GG – 104 GG

b) Gewährleistung der Grundrechte

Die unverletzlichen und unveräußerlichen Menschenrechte und die Grundrechte sind oberste materielle Rechtsnorm des Grundgesetzes:

Das *verbietet*: Gewährung (!) oder Entzug der Grundrechte durch Gesetze.

Das *gebietet*: Gewährleistung (!) der Grundrechte durch die drei Gewalten.

Das bedeutet:

Grundrechte sind unmittelbar geltendes Recht. Grundrechte binden die drei Gewalten.	} Art. 1, Abs. 3 GG
Grundrechte dürfen in ihrem Wesensgehalt nicht angetastet werden.	} Art. 19, Abs. 2 GG

c) Gewaltenteilung

Aufgabe und Ziel der Gewaltenteilung

Das Prinzip der Aufteilung der Staatsmacht

– auf verschiedene,
– sich gegenseitig kontrollierende und hemmende Träger dient der Vermeidung übermäßiger Machtfülle (BVerfGE 5, 85 ff.).

Übermäßige Machtfülle verführt zu Machtmissbrauch, zu totalitärer Herrschaft.[6]

Arten der Gewaltenteilung im GG

- horizontal: Gesetzgebung – vollziehende Gewalt – Rechtsprechung
- vertikal: Bund – Länder

Gewaltenteilung: Bundesrepublik Deutschland

→ horizontal →

↓ *vertikal*	Gesetzgebung	vollziehende Gewalt	Rechtsprechung
– Bund –	– Bundestag – Bundesrat	– Bundesregierung – Bundesverwaltung	– Bundesverfassungsgericht – 5 oberste Gerichtshöfe des Bundes
	Bundespräsident[7]		
– Länder –	– Parlamente der Länder	– Länderregierungen	– Verfassungsgerichte d. Länder – Oberlandesgerichte – Landgerichte – Amtsgerichte
– Kommunen –	– „Parlamente“ der Kommunen (keine gesetzgebende Gewalt)	– Verwaltungen der Kommunen	

6 Totalitäre Herrschaft s. S. 68 ff.

7 „Der Bundespräsident lässt sich nach der Ausgestaltung seines Amtes nicht einer der drei klassischen Gewalten zuordnen.“ -2 BvE 2/09; -2 BvE 2/10.

Inkompatibilität

Unvereinbar ist die gleichzeitige Mitgliedschaft in zwei oder mehr Organen.

Praxis der Gewaltenteilung in parlamentarischen Demokratien:

In Deutschland sind die Gewalten nicht starr getrennt: z. B.

- Die Wahl der Staatsorgane erfolgt – ausgehend vom Bundestag – untereinander.
- Die Regierung wird aufgrund ihrer Machtfülle besonders kontrolliert – ihre Mitglieder sind jedoch auch gleichzeitig Parlamentsmitglieder.
- Am Gesetzgebungsverfahren wirkt auch die Regierung mit.
- Rechtsverordnungen kann alleine die Regierung erlassen.
- Parlamentarische Staatssekretäre (19. BTag: 35 PSt) sind Mitglieder des BTages und der BReg. Bei gekürzten Abgeordneten-Diäten erhalten sie als politische Beamte wie auch Minister Besoldung.

d) Gesetz- und Rechtmäßigkeit staatlichen Handelns – Art. 20 Abs. 3 GG

„Die Gesetzgebung ist an die verfassungsmäßige Ordnung (…) gebunden“:

- Achtung und Schutz der *Menschenwürde* Art. 1 Abs. 1 GG
- Bindung der Gesetzgebung an die *Grundrechte* Art. 1 Abs. 3 GG
- *Absolute Bestandsgarantie* Art. 79 Abs. 3 GG
  Unzulässig ist eine Änderung der
  - Artikel 1 GG und 20 GG,
  - Gliederung des Bundes in Länder,
  - Mitwirkung der Länder bei der Gesetzgebung des Bundes.
- Das formale *Gesetzgebungsverfahren* Art. 70–82 GG
- Bindung an die von der Gesetzgebung selbst *beschlossenen Gesetze*

Die *Wesentlichkeitslehre* regelt das Verhältnis von Legislative und Exekutive:

Mit *Parlamentsvorbehalt* ist der Gesetzgeber verpflichtet, „ … in grundlegenden normativen Bereichen, zumal im Bereich der Grundrechtsausübung … alle wesentlichen Entscheidungen selbst zu treffen.“ (BVerfG 49, 89 ff.)

„Vollziehende Gewalt und Rechtsprechung sind an Gesetz und Recht gebunden“:

- *Bindung an das Gesetz*
  - Vorrang des Gesetzes: Staatliches Handeln hat die höherwertigen Gesetze zu achten, Staatliches Handeln darf folglich nicht gegen Gesetze verstoßen.
  - Vorbehalt des Gesetzes: Staatliches Handeln bedarf der gesetzlichen Grundlage, der Zuständigkeit und Ermächtigung, ausdrücklich bei Grundrechtseingriffen.
- *Bindung an das Recht*
  - Staatliches Handeln ist an das Recht im Sinne von Gerechtigkeit gebunden. Diese orientiert sich an den Grundwerten des GG:
    Art. 1 GG, Art. 2 GG, Art. 3 GG, Art. 20 GG u. a.
  - Staatliches Handeln hat sich nach den allgemeinen Rechtmäßigkeitsvoraussetzungen zu richten (s. S. 37, 43).

e) Rechtssicherheit und Vertrauensschutz

- *Rechtssicherheit* bedeutet:
  Der Bürger muss aus Gesetzen und Verordnungen die Zuständigkeiten und Ermächtigungen bestimmen können.
  Staatliche Handlungen und Eingriffe müssen
  - messbar und in gewissem Umfang
  - voraussehbar und
  - berechenbar sein (BVerfGE 8, 274 ff.).
- *Vertrauensschutz/-grundsatz*
  Rechtskräftige gerichtliche Entscheidungen und Verwaltungsakte haben Bestand, auch wenn sie im Einzelfall unrichtig sein mögen.

Den Rechtsfrieden zu wahren, ist Aufgabe obiger Grundsätze.

f) Lückenloser Rechtsschutz – Richterliche Unabhängigkeit

Alle angeführten Voraussetzungen binden die staatlichen Gewalten und schützen den Bürger vor unberechtigten Eingriffen in seine Rechte.

„Wird jemand durch die öffentliche Gewalt in seinen Rechten verletzt, so steht ihm der Rechtsweg offen.“ (Art. 19 Abs. 4 GG)

- Jedem Bürger wird lückenlos Rechtsschutz gewährleistet. Er kann

- alle Handlungen der öffentlichen Gewalt rechtlich überprüfen lassen.
- Unabhängigen Richtern obliegt die Rechtsprechung. (Art. 97 GG).

Die richterliche Unabhängigkeit wird

- sachlich durch die alleinige Bindung an Gesetz und Recht sowie
- persönlich durch die Unabsetzbarkeit und Unversetzbarkeit garantiert.

g) Justizgrundrechte

In gerichtlichen Verfahren wird der Bürger durch die Justizgrundrechte vor staatlicher Willkür geschützt.

Unzulässigkeit von Ausnahmegerichten – Garantie des gesetzlichen Richters – Art. 101 GG

Zur *Unzulässigkeit von Ausnahmegerichten* führt das BVerfG aus, dass sie

- „in Abweichung von der gesetzlichen Zuständigkeit besonders gebildet und
- zur Entscheidung einzelner konkreter und individueller Fälle berufen sind."

Auf die *Entscheidung eines gesetzlichen Richters* hat jeder Bürger Anspruch:

- Die Gerichte sind örtlich und sachlich durch Gesetz festgelegt. Das gilt auch für Gerichte zu Sachgebieten wie Arbeits-, Sozial-, Finanzgerichte.
- Der Geschäftsverteilungsplan der Gerichte bestimmt im Voraus die Richter, unabhängig von der Kenntnis späterer Prozesse.

Ausnahmegerichte werden durch diese Verfahrensweise verhindert.

Verbot der Todesstrafe – Art. 102 GG

Die Vorschrift „Die Todesstrafe ist abgeschafft." bindet alle drei Gewalten.

- Die Judikative darf keine Todesurteile fällen.
- Die Todesstrafe kann durch die Legislative nicht beschlossen werden.
- Droht beispielsweise einem Straftäter in einem anderen Staat die Todesstrafe, darf die Auslieferung durch die Exekutive dorthin nicht erfolgen.

Anspruch auf rechtliches Gehör – Art. 103 Abs. 1 GG

Der Anspruch auf rechtliches Gehör verpflichtet das Gericht

- jedem am Verfahren Beteiligten Gelegenheit zu geben,
- zu allen im Prozess verhandelten Tatsachen Stellung zu nehmen.
- Das Gericht darf nur auf Grund der erörterten Fakten entscheiden.

Keine Strafe ohne Gesetz – Art. 103 Abs. 2 GG – „nulla poena sine lege"

Eine Straftat kann nur bestraft werden, wenn die Strafbarkeit gesetzlich bestimmt war, *bevor* die Tat begangen wurde.

Die *rückwirkende* Bestrafung auf Grund neuer *Strafgesetze* ist verboten.

Verbot der Mehrfachbestrafung – Art. 103 Abs. 3 GG

Das Verbot der Mehrfachbestrafung „auf Grund der allgemeinen Strafgesetze" schließt *mehrere gerichtliche* Bestrafungen aus.

Zusätzliche Sanktionen gemäß Disziplinarrecht oder Berufsordnungen sind legal.

Rechtssicherheit bei Freiheitsentzug – Art. 104 GG

Ausführungen siehe S. 47.

4. Bundesstaat

„Die Bundesrepublik Deutschland ist ein … *Bundesstaat". (Art. 20 Abs. 1 GG)*

Ergänzend bekräftigt Art. 79 Abs. 3 GG:

- „die Gliederung des Bundes in Länder" und
- „die grundsätzliche Mitwirkung der Länder bei der Gesetzgebung".

Beim Bundesstaat Bundesrepublik ist die staatliche Macht zwischen dem Gesamtstaat, Bund, und den Gliedstaaten, Bundesländern, aufgeteilt.

Beim Einheitsstaat und beim Staatenbund besteht jeweils eine einseitige Zuordnung.

a) Staatliche Organisationsformen

Die drei Organisationsformen seien an Epochen deutscher Geschichte bestimmt:

1848/49 scheiterte mit der Niederschlagung der deutschen Revolution auch das Streben nach staatlicher Einheit Deutschlands. Im wiedererstandenen „Deutschen Bund" bildeten 39 weitgehend fürstliche Einzelstaaten einen **Staatenbund**:

- Jeder Einzelstaat behält seine volle Staatshoheit.
- Das lose, jederzeit kündbare Zweckbündnis ist kein neuer Staat.
- Der Bund ist nur ausführendes Organ einstimmiger Beschlüsse.

1934 löste das NS-Regime die Länder auf und verordnete den

Einheitsstaat:
- Die vollständig zentralisierte Staatshoheit besitzt der Gesamtstaat,
- der unkündbar in unselbstständige Regionen aufgeteilt ist.
- Diese Teilgebiete sind nur ausführende Organe der Zentralgewalt.

In totalitären Regimen regiert zusätzlich die *Gewalteneinheit* ohne demokratische, rechtsstaatliche Legitimation.

1949: Die Bundesrepublik Deutschland ist ein

Bundesstaat:
- Jeder Gliedstaat, Bundesland, behält eigene Staatlichkeit, ist teilsouverän.
- Die feste, unkündbare Verbindung der Bundesländer ist ein Staat.
- Der Gesamtstaat, Bund, besitzt ebenfalls Staatlichkeit und Souveränität.
- Gliedstaaten und Gesamtstaat besitzen abgestimmte Kompetenzen.

b) Der Bundesstaat Bundesrepublik Deutschland

Mit *absoluter Bestandsgarantie* ist die Bundesstaatlichkeit festgeschrieben, nicht aber eine bestimmte Anzahl von Bundesländern.

Der Bund und die 16 Bundesländer besitzen jeweils Staatlichkeit.

Ziel ist eine weitere Gewaltenteilung:

- Der *horizontalen Gewaltenteilung* des Bundes entsprechend existieren auch auf der Ebene der 16 Bundesländer die drei staatlichen Gewalten.
- Durch *vertikale Gewaltenteilung* zwischen Bund und Ländern werden die staatlichen Kompetenzen, die Befugnisse und Aufgaben genau verteilt.

Bundesstaatliche Kompetenzverteilung laut Art. 30 GG

Generell stehen die staatlichen Kompetenzen den Ländern zu (Art. 30 GG), soweit das GG keine andere Regelung trifft oder zulässt.

Im Einzelnen bestimmt das GG für die drei Gewalten Folgendes:

Gesetzgebungskompetenzen – Art. 70 ff. GG

Das primäre Gesetzgebungsrecht steht den Ländern zu. Zwecks bundesstaatlicher Einheitlichkeit ermächtigt das GG den Bund abgestuft zur Gesetzgebung.

Ausschließliche Gesetzgebung des Bundes, Art. 71 und 73 GG

Der Bund hat die alleinige Gesetzgebung in den Gebieten des Art. 73 GG, die eine einheitliche bundesstaatliche Regelung voraussetzen.

Konkurrierende Gesetzgebung, Art. 72 und 74 GG

- Der Bund kann für die Gebiete des Art. 74 Abs. 1 GG Gesetze zur bundeseinheitlichen Regelung erlassen.
- Der Bund besitzt für die Gebiete des Art. 72 Abs. 2 GG nur Kompetenzen zur „Herstellung gleichwertiger Lebensverhältnisse im Bundesgebiet", zur Wahrung der „Rechtseinheit" und der „Wirtschaftseinheit".
- Die Länder können für die Gebiete des Art. 72 Abs. 3 GG vom Bundesrecht abweichende Regelungen treffen: Naturschutz, Raumordnung, Hochschulzulassung u. -abschlüsse u. a.

Ausschließliche Gesetzgebung der Länder

Die Länder haben die alleinige Gesetzgebung auf den Gebieten

- Schule und Kultur sowie Rundfunk und Fernsehen,
- Kommunales Verfassungsrecht,
- Straßen- und Wegerecht, Wasserrecht, Bauordnungsrecht
- Wohnungswesen: z. B. Wohnungsbauförderung, Mietbindung,
- innere Sicherheit, Strafvollzug, Versammlungsrecht;

länderübergreifend übernimmt der Bund die folgenden Aufgaben:

- Bundeskriminalamt
- Bundesamt für Verfassungsschutz
- Bundespolizei
- internationale Verbrechensbekämpfung

Verwaltungskompetenz – Art. 83 ff., 91 a–e GG

Die Länder führen – neben den eigenen Gesetzen – Bundesgesetze vorwiegend als eigene Angelegenheit oder im Auftrag des Bundes aus.

Bundeseigene Verwaltungen wie die der Bundeswehr, des Luftverkehrs, der Bundes- und Bundeswasserstraßen u. a. bilden die Ausnahme.

Bei Aufgaben der Länder wirkt der Bund mit, wenn diese

- für die Gesamtheit in Deutschland bedeutsam sind und sie
- zur Verbesserung der Lebensverhältnisse erforderlich sind.

Rechtsprechungskompetenz – Art. 92 ff. GG

Den Ländern obliegt durch ihre Gerichte weitgehend die Rechtsprechung. Die Bundesgerichte sollen die Einheitlichkeit der Rechtsprechung wahren.

Gesamtstaatliche Normen und Staatsorgane

Die Verteilung staatlicher Kompetenzen ergibt noch keinen Gesamtstaat. Zur „inneren Verbundenheit" sind gemeinsame Organe und Normen notwendig.

Gemeinsame Normen und Regelungen

- *Homogenitätsprinzip* Art. 28 GG
  „Die verfassungsmäßige Ordnung in den Ländern muss den Grundsätzen des republikanischen, demokratischen und sozialen Rechtsstaates ... entsprechen". Diese grundsätzliche, wesensmäßige Übereinstimmung garantiert, dass Bund und Länder gemeinsam zum Wohl des *ganzen* Volkes arbeiten können, ohne die Besonderheiten der einzelnen Länder zu vernachlässigen.
- *Bundestreue*

Der Bund und die 16 Länder sind untereinander zu gegenseitiger Rücksichtnahme und Zusammenarbeit verpflichtet, um die bundesstaatliche Gemeinschaft zu wahren und zu festigen.

Konkret bedeutet dieses: „Alle Behörden des Bundes und der Länder leisten sich gegenseitig Rechts- und Amtshilfe." (Art. 35 Abs. 1 GG)

Gemeinsame Staatsorgane (siehe Bundesorgane)

Bundespräsident	gewählt durch die Bundesversammlung
Bundesrat	die Vertretung der Länder beim Bund

5. Sozialstaat

a) Sozialstaatlichkeit im Grundgesetz

Das Grundgesetz bekennt sich

- zum *„sozialen Bundesstaat" (Art. 20 GG)* und
- zum *„sozialen Rechtsstaat" (Art. 28 GG).*
- Das Sozialstaatsgebot ist erstmals in einer deutschen Verfassung verankert. Eine Ursache hierfür war das schicksalhafte Ende der Weimarer Republik.

Das Grundgesetz bindet das Sozialstaatsgebot

- nicht an eine bestimmte Wirtschaftsordnung und auch
- nicht an soziale Grundrechte, auf die der Bürger einen Rechtsanspruch hätte, ohne dass der Staat ihn umsetzen könnte, z.B. das Recht auf Arbeit.

Das Grundgesetz hält so einen weiten Gestaltungsrahmen offen, so dass der Staat auf zeitbedingte soziale Entwicklungen angemessen reagieren kann.

Mindestvoraussetzung für den Sozialstaat ist laut BVerfG, den Bürgern ein menschenwürdiges Dasein zu schaffen und es zu fördern.

Als Voraussetzungen führt das Grundgesetz aus:

Art. 1	Menschenwürde
Art. 3	Gleichheitsgrundsatz
Art. 6	Schutz von Ehe und Familie, Müttern und nichtehelichen Kindern
Art. 9	Koalitionsfreiheit und Tarifautonomie
Art. 12	Freiheit der Berufswahl und -ausübung
Art. 14	Sozialbindung des Eigentums
Art. 15	mögliche Vergesellschaftung von Grund und Boden, Naturschätzen und Produktionsmitteln
Art. 74	Gebiete der konkurrierenden Gesetzgebung: öffentliche Fürsorge, Arbeitsrecht, Enteignung, Verhütung des Missbrauchs wirtschaftlicher Machtstellung, Sicherung der Ernährung, der Krankenhäuser, Luftreinhaltung und Lärmschutz

Das GG verpflichtet damit, eine gerechte Sozialordnung herzustellen.

b) Sozialordnung der Bundesrepublik Deutschland

Staatliche Grundprinzipien: Sozialstaat

Die Sozialordnung der Bundesrepublik versucht nicht nur

- vor sozialen Risiken zu schützen und sie abzuwehren; sie will zusätzlich
- positive soziale Lebensbedingungen für alle fördern und gestalten.

Voraussetzungen hierfür sind:

- Ausgleich sozialer Gegensätze
- Daseinsvorsorge für alle
- Soziale Sicherungssysteme gegen bestimmte Risiken

c) Ausgleich sozialer Gegensätze

Die Bundesrepublik Deutschland ist ein *„sozialer Rechtsstaat"*.

Das Grundgesetz fügt hiermit konstruktiv zwei Begriffe zusammen, die in einem gegenseitigen Spannungsverhältnis stehen:

- *Der Rechtsstaat* wehrt Eingriffe in die Rechte des Einzelnen ab, speziell in die Freiheits- und Eigentumsrechte.
- *Der Sozialstaat* greift in die Rechte des Einzelnen ein, um einen Ausgleich sozialer Gegensätze und Chancengleichheit für alle herzustellen.

Aufgabe des „sozialen Rechtsstaates" muss es sein, beide Staatsziele konstruktiv und gerecht zu verwirklichen (praktische Konkordanz).

Maßnahmen des Gesetzgebers zielen hauptsächlich auf eine(n)

- *soziale Steuer- und Abgabenpolitik:*
  - progressive Lohn- und Einkommensteuer (Stand 2020)[8]
    Grundfreibetrag: steuerfreies Existenzminimum: 9.408 €
    Steuersatz von14 % bei 9.408 € bis 42 % ab 57.052 €, 45 % ab 270.501 €
  - Steuerfreibeträge für besondere Belastungen: z. B. Kinderfreibeträge
- Verhütung des Missbrauchs wirtschaftlicher Machtstellung durch den *gesetzlichen Schutz der Schwächeren* (Beispiele):

– Arbeitsrecht	gesetzlicher Mindestlohn: 9,35 € (2020), Arbeitszeitverordnung, Kündigungsschutz, Personalvertretungs-, Mitbestimmungsrecht
– Mieterschutz	Schutz vor Kündigung und Mietwucher
– Verbraucherschutz	Lebensmittelrecht, Warenzeichengesetz
– Schutz d. Wettbewerbs	Kartellgesetz, Gesetz gegen unlauteren Wettbewerb

d) Daseinsvorsorge

Um für alle Bürger positive Lebensbedingungen zu schaffen, hat der Staat politische und organisatorische Vorsorge zu treffen.

Staatliche Leistungen erstrecken sich u. a. auf folgende Bereiche:

8 www.lohn-info.de/durchschnittssteuersatz_grenzsteuersatz.html (abgerufen: 13. 12. 2019).

Öffentliche Dienste und Einrichtungen:

- Versorgung: Strom, Wasser, Gas – Entsorgung: Müll, Abwasser
- Verkehrsmittel, Verkehrsnetze, Straßenbeleuchtung
- Schul- und Bildungswesen, Kultur
- Gesundheitswesen und -vorsorge, Umweltschutz
- Öffentliche Sicherheit und Ordnung, Gerichtswesen

Konjunktur-, Wirtschafts- und Finanzpolitik:

2008 führte der Zusammenbruch von Banken zu einer weltweiten Krise, die Maßnahmen zur staatlichen Konjunkturpolitik erforderten.

- *Aufgabe und Ziel staatlicher Konjunkturpolitik* müssen
  - ein angemessenes Wirtschaftswachstum,
  - Vollbeschäftigung und
  - Preisstabilität (Stabilitätsgesetz 1967) sein.
- *Maßnahmen staatlicher Konjunkturpolitik sind*:
  - antizyklische Finanzpolitik: Der Staat
    - erhöht bei nachlassender Konjunktur und
    - senkt bei überhitzter Konjunktur die Nachfrage.
  - Finanzpolitik: nachfragewirksame Staatsausgaben für öffentliche Bauten, Investitionen, Forschung u. a.
  - Steuerpolitik: Erhöhung oder Senkung der Steuern, damit des nachfragewirksamen Einkommens der Bürger u. Unternehmen
  - Sondersteuern: spezielle Steuerregelungen mit begrenzter Zielrichtung, Abschreibungen für spezielle Investitionen
  - Gefahr: Die staatliche Steigerung der Nachfrage darf nicht zu einer übermäßigen Staatsverschuldung führen.

Konjunkturpolitik hat heute aufgrund der Globalisierung der Wirtschaft nur dann Erfolg, wenn viele Staaten sie gemeinsam betreiben.

Die hohe Verschuldung einzelner Staaten von bis zu 177 % des BIP (2019) in Griechenland macht eine die Wirtschaft belebende Konjunkturpolitik unmöglich. Die Sanierung der Staatshaushalte verursacht ein Absinken des Lebensstandards, führt viele Menschen in die Armut und radikalisiert sie politisch.

e) Soziale Sicherungssysteme

Der Schutz vor bestimmten Risiken basiert auf dem
- Versicherungs-,
- Versorgungs- und
- Fürsorgeprinzip.

Versicherungsprinzip: gesetzliche Sozialversicherungen

Mitglieder der Pflichtversicherungen sind alle Arbeitnehmer (nicht Beamte). Die Beiträge bezahlen Arbeitnehmer und Arbeitgeber als prozentualen Anteil des Gehalts i. d. R. zur Hälfte. Sie begründen den Anspruch auf Leistungen.

- *Krankenversicherung:*
  - ambulante und stationäre ärztliche Behandlung, Krankenhauspflege,
  - Arzneien, Hilfsmittel, Kuren, Krankengeld u. a.
- *Rentenversicherung:*
  - ab dem Rentenalter oder bei Berufsunfähigkeit monatliche Rente entsprechend der Lebensarbeitszeit und den einkommensabhängigen Beiträgen.
  - Der Aufbau privater Zusatzrenten, „Riester-Rente“, und von betrieblichen Renten wird vom Staat gefördert.
  - Von 2012 bis 2029 erhöht sich das Rentenalter stufenweise von 65 auf 67 Jahre.
  - Nach 45 Beitragsjahren können Versicherte ab 63 Jahren Rente beziehen – bis 2025 erhöht sich dieser Renteneintritt auf 65 Jahre.
- *Grundrente*[9]:
  - Geringe Renten werden aufgestockt, um auch Geringverdienenden eine angemessene Rente zuzuerkennen. Voraussetzung sind 35 Beitragjahre.

9 Der Gesetzesentwurf der Breg liegt dem BTag vor (Stand 20.05.20).

- *Arbeitslosenversicherung:*
  - Arbeitslosengeld I (ALG I) bis 60 % vom Nettogehalt (nicht Alleinstehende bis 67 %), zeitlich begrenzt nach Arbeitsdauer, Aufforderung zu bezahlten Umschulungs-, Weiterbildungskursen u. a.
  - Arbeitslosengeld II (ALG II), Hartz IV, nach Anspruch auf ALG I für alle Teil-/Erwerbsfähigen, Maßnahmen zur Integration ins Berufsleben, geringes Einkommen wird aufgestockt, Verpflichtung zur Annahme auch gering bezahlter Arbeit
    Kürzungen des ALG II dürfen max. 30 % betragen.[10]
- *Pflegeversicherung:*
  - bei längerer krankhafter Behinderung und Pflegebedürftigkeit
  - stationäre Pflege und häusliche Hilfe bei den täglichen Verrichtungen
- *Unfallversicherung:*
  - Beiträge zahlt nur der Arbeitgeber (!),
  - Maßnahmen zur Verhütung von Arbeitsunfällen u. Berufskrankheiten
  - Wiederherstellen der Gesundheit nach Berufsunfällen
  - Unfallrente, Entschädigung von Versicherten/Hinterbliebenen

Versorgungsprinzip: öffentliche Versorgung

Der Staat übernimmt die Versorgung der

- *Beamten* aufgrund ihrer Dienste für die Allgemeinheit und den Staat.
- *Kriegsopfer u. Vertriebenen* für materielle und immaterielle Schäden.

Fürsorgeprinzip: Grundsicherung

Der Staat leistet, soweit nicht Einkünfte, Besitz oder andere Leistungen des Anspruchstellers, seiner Angehörigen oder seines Partners bestehen,

- an alle in Not geratenen bedürftigen Menschen
- zur Sicherung der Existenz die Grundsicherung.

Die Grundsicherung untergliedert sich in folgende Leistungen:

- Arbeitslosengeld II (s. o.) erhalten
  - berufstätige Personen, „Aufstocker", deren Gehalt unter ALG II liegt,
  - Personen, die bis zu 6 Monaten erwerbsunfähig sind.

10 BVerfG, Urt. v. 05. 11. 2019, Az. 1 BvL 7/16.

- *Sozialgeld* erhalten
  - mit ALG II-Empfänger zusammenlebende bedürftige Partner u. Kinder.
- *Sozialhilfe* erhalten
  - voll erwerbsgeminderte berufsunfähige Personen.

Grundsicherung[11]

Geldleistungen *(Stand 2020)*	*Allein-lebende*	*2 Partner zusammenlebend*	*1 Kind unter 6/14/18 Jahren*
	432 €	jeweils 389 €	250/308/328 €
Kaltmiete z. B. Hannover (Stand ab 07.2019)	bis 50 qm bis 411 €	50 bis 65 qm bis 511 €	*65 bis 90 qm* bis 606 € bei 3 Pers. bis 717 € bei 4 Pers.

- Angemessene Heizkosten – kein zu hoher Verbrauch
- Wohnungseinrichtung und Hausrat bei längerer Bedürftigkeit
- Ausbildung der Kinder
- außergewöhnliche Belastungen: z. B. Wintermantel

11 www.jobcenter-region-hannover.de/site/leistungsgewaehrung

VIII. Wahlen

1. Demokratische Bedeutung – Wahlgrundsätze – Wahlrecht

„Alle Staatsgewalt geht vom Volke aus. Sie wird vom Volke in Wahlen … und durch besondere Organe ausgeübt."

Das GG betont hiermit in Art. 20 Abs. 2 die zentrale *Bedeutung von Wahlen* für die mittelbare Demokratie:

Durch Wahlen wird die Ausübung der Staatsgewalt

gebunden	an das Mandat des Volkes als oberstem Souverän,
legitimiert,	um als Vertretung des „ganzen Volkes" zu handeln,
kontrolliert,	ob bisher der Wille der Wähler richtig vertreten wurde,
bestimmt,	damit sie zukünftig der Auswahl des Volkes entspricht.

Um diesen Zielen gerecht zu werden, gelten folgende *Voraussetzungen für Wahlen:*

- Wahlen finden in regelmäßigen Zeitabständen statt.
- Die Staatsgewalt wird nur begrenzt auf Zeit übertragen.
- Die demokratischen Grundsätze sind zu wahren: Volkssouveränität, Mehrheitsprinzip, Kommunikations-GR, (Parteien-)Pluralismus.

Für die Wahl(-handlung) gelten – entspr. den beiden Hauptgrundrechten – *die Wahlgrundsätze (Art. 38 GG):*

allgemein:	Jedem Staatsbürger steht das *Wahlrecht* (s. u.) gleich zu.
gleich:	– Die Stimme jedes Staatsbürgers zählt gleich, unabhängig von Alter, Geschlecht, Bildung, Vermögen o. Ä. – Alle Kandidaten der Parteien haben gleiche Chancen.
frei:	Der Wähler selbst entscheidet, ob und wen er wählt. Die Stimmabgabe erfolgt ohne äußere Beeinflussung.
geheim:	Absicherung der freien Wahl durch Fernhalten jeglicher äußerer Einflussnahme und Einsichtnahme
unmittelbar:	Das Volk wählt seine Vertreter direkt ohne Zwischeninstanz.

Wahlrecht: Voraussetzungen für das

aktive Wahlrecht:	*passive Wahlrecht:*
Recht zu wählen	Recht gewählt zu werden

Deutscher nach Art. 116 GG[1]
Vollendung des 18. Lebensjahrs
3 Monate ← Wohnsitz im Wahlgebiet → 1 Jahr

2. Wahlsysteme und Mandatsverteilung

Die Mandatsverteilung, die Umrechnung der Wählerstimmen in Abgeordnetensitze, kann nach zwei unterschiedlichen Wahlsystemen erfolgen:

Mehrheits- bzw. Personenwahl	**Verhältnis- bzw. Listenwahl**
Wahlgebiet	
Aufteilung in Wahlkreise gemäß der Anzahl der Mandate im Parlament	Einheitliche Liste ohne Aufteilung, in großen Wahlgebieten: Landeslisten
Kandidatenaufstellung	
Im Wahlkreis durch die örtlichen Parteien oder durch eine bestimmte Anzahl von Bürgern	Die Parteien stellen jeweils eine Liste bzw. Landesliste mit ihren Kandidaten auf.
Stimmabgabe	
Direkte Wahl des Wahlkreiskandidaten	Wahl der Landesliste mit den Kandidaten einer Partei
Mandatsverteilung	
Gewählt ist der Kandidat, der bei der – relativen MW die meisten Stimmen hat,	Der prozentuale Anteil der Stimmen für eine Partei entspricht ihrem Anteil an den Mandaten im Parlament.

1 EU-Bürger mit Wohnsitz in Deutschland wählen hier das EU-Parlament und ihr Kommunalparlament.

– absoluten MW über 50 % der Stimmen hat, evtl. entscheidet erst eine Stichwahl zwischen den beiden Bestplazierten.	Diese werden den Kandidaten entspr. ihrer Reihenfolge auf der Landesliste zugeteilt.

Die *Vor- und Nachteile der Wahlsysteme* wechseln untereinander ab:

Mehrheits- bzw. Personenwahl	**Verhältnis- bzw. Listenwahl**
+ + + Vorteile + + +	– – – Nachteile – – –
– Alle Regionen sind vertreten. – Nähe der Kandidaten zum Wähler – gewisse Unabhängigkeit der Abgeordneten zur Partei	– evtl. regionale Ungleichgewichte – kein direkter Wählerkontakt erforderlich – Abhängigkeit von der Partei
– – – Nachteile – – –	+ + + Vorteile + + +
– Bevorzugung populärer/ populistischer Kandidaten – keine Berücksichtigung der Minderheit der Wähler und ihrer Kandidaten	– Berücksichtigung auch von Fachleuten – Berücksichtigung aller Wählerstimmen und gewählten Parteien
+ – Vor- oder Nachteil + –	+ – Vor- oder Nachteil + –
– Tendenz zum Zweiparteiensystem und zur Herrschaft einer Partei – leichte Regierungsbildung – starke Regierung – einseitige Regierungspolitik	– Tendenz zu vielen, auch kleinen Parteien – schwere Regierungsbildung – schwächere Regierungen, da sie durch kleine Parteien als Mehrheitenbringer beherrscht werden – pluralistische Regierungspolitik

3. Das bundesdeutsche Wahlsystem

Das Bundeswahlsystem kombiniert beide Wahlsysteme, um deren jeweilige Nachteile auszuschalten:

Die 598 Abgeordneten des Deutschen Bundestages
wählt der Bürger mit
2 Stimmen

Mit der *Erststimme* wählt er in einem der 299 Wahlkreise durch *relative Mehrheitswahl* einen Wahlkreisabgeordneten direkt in den Bundestag – Direktmandat.	Mit der *Zweitstimme* wählt er die Landesliste einer Partei. Durch *Verhältniswahl* werden alle 598 Abgeordnetenmandate auf die Parteien im Bundestag verteilt.

Die Mandatsverteilung im Einzelnen:

Bundestagsmandate für eine Partei:	Anteil der Zweitstimmen
Direktmandate einer Partei:	Gewonnene Wahlkreise
Listenmandate einer Partei:	BTags-Mandate minus Direktmandate

Besonderheiten des Wahlsystems:

- *Überhangmandate* erhält eine Partei, wenn sie mehr Direktmandate gewinnt, als ihr nach der Verhältniswahl zustehen.
- *Ausgleichsmandate* erhalten die anderen Parteien, um die Sitzverteilung gemäß der Verhältniswahl nicht zu verzerren.

Beide Zusatzmandate können den BTag erheblich vergrößern.[2]

- Sperren zur Verhinderung von Parteienzersplitterung:
  - 5 %-Klausel: mindester Stimmenanteil einer Partei
  - 3 Direktmandate muss eine Partei mindestens haben.
    Ab 3 Direktmandaten tritt die 5 %-Klausel außer Kraft.

2 Im 19. BTag sitzen 709 Abgeordnete. Für den 20. BTag wird eine noch größere Anzahl erwartet. Um diese zu begrenzen, sollte das Wahlrecht reformiert werden. Unterschiedliche Standpunkte der großen Fraktionen mit vielen Direktmandaten und der kleineren, die sich auf Listenmandate stützen, verhinderten dieses. Während letztere z.B. die Anzahl der Wahlkreise reduzieren wollen, waren die Parteien mit vielen Erststimmen dagegen.

Die Berechnung der Bundestagsmandate einer Partei erfolgt nach dem *Divisorverfahren nach Sainte-Laguë [stla'gy]/Schepers:*

- Die Wählerstimmen jeder Partei werden durch den gleichen Divisor[3] geteilt. Alle Wählerstimmen werden damit im gleichen Verhältnis gekürzt.
- Der gemeinsame Divisor wird so bestimmt, dass sich aus der Anzahl der Wählerstimmen jeder Partei direkt ihre Mandate im Parlament errechnen.
- Der Divisor ist dann genau bemessen, wenn die Mandate aller Parteien/ Fraktionen zusammengerechnet die Gesamtheit aller Mandate im BTag ergeben – einschließlich der o. a. Zusatzmandate.

3 Teiler.

IX. Die obersten Bundesorgane

Wahl/Legitimation/Aufgaben

In der parlamentarischen Demokratie der Bundesrepublik Deutschland wählt das Volk als oberster Souverän die Parlamente, den Bundestag und die Landtage. Diese wählen und legitimieren die anderen obersten Bundesorgane.

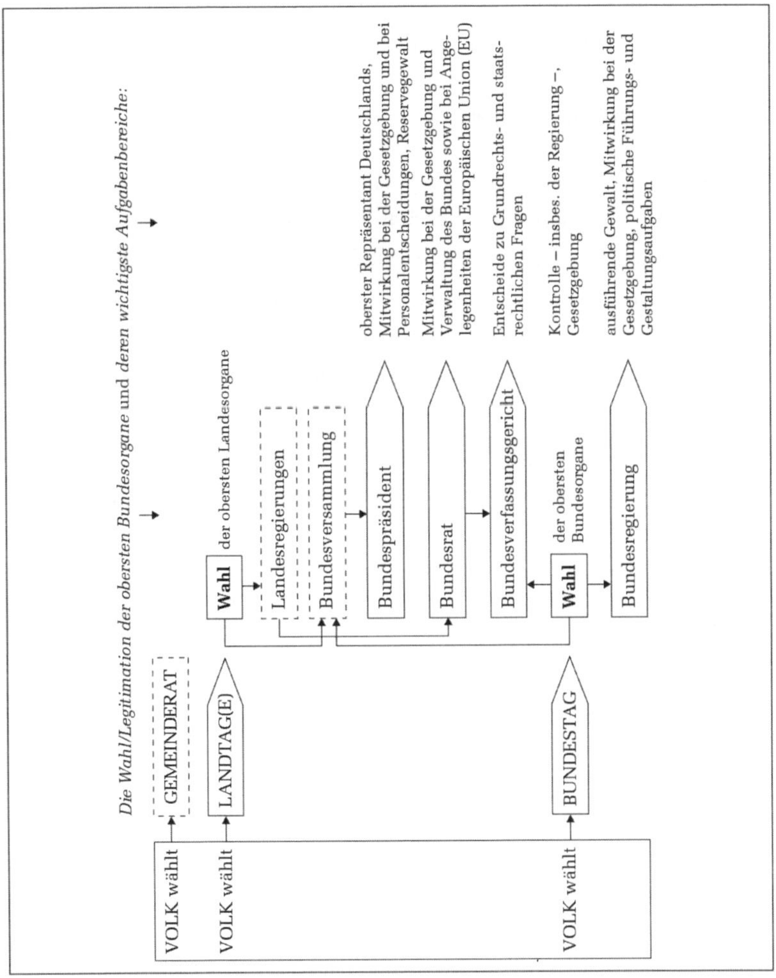

1. Der Deutsche Bundestag (BTag); Art. 38–49 GG

a) Staatsrechtliche Stellung

Der Bundestag ist
- in der repräsentativen Demokratie
- als unmittelbar vom Volke gewähltes Organ der Legislative
- das höchste Verfassungsorgan der Bundesrepublik Deutschland.

Die Amtszeit, Legislaturperiode, entspricht der Wahlperiode von 4 Jahren.

b) Organisation, Gremien

Plenum

Öffentliche Vollversammlung der 598[1] Bundestagsabgeordneten bei
- *Debatten* zu aktuellen Fragen, eventuell mit anschließenden
- *Abstimmungen* wie zur Gesetzgebung, Kontrolle der Regierung
- *Wahlen* (geheim) von Mitgliedern anderer oberster Bundesorgane

Überhang- und Ausgleichsmandate erhöhen die Anzahl der Abgeordneten.

Mehrheiten:
- einfache –: Mehrheit der abgegebenen Stimmen: Regelfall
- absolute –: Mehrheit der gesetzlichen Mitglieder (> 299): z. B. Wahlen
- einfache Zweidrittel-: ⅔ der abgegebenen Stimmen: z. B. Spannungsfall
- absolute Zweidrittel-: ⅔ der gesetzl. Mitglieder: z. B. GG-Änderungen

Präsidium

Präsident/-in und 6 Stellvertreter[2]. Das Präsidium
- wahrt die Würde und die Rechte des Bundestages,
- vertritt den Bundestag und regelt seine Geschäfte
  - nach innen durch Bundestagsverwaltung, Hausrecht, Polizeigewalt,
  - nach außen gegenüber Öffentlichkeit, anderen Staatsorganen, Ausland,
- leitet die Bundestagssitzungen.

1 Überhang- und Ausgleichsmandate sind in jeder Wahlperiode neu hinzuzurechnen.

2 Die Anzahl der Vertreter richtet sich nach der Zahl und Größe der Fraktionen.

Ältestenrat

Das Präsidium und 23 Vertreter[3] der einzelnen Fraktionen

Der Ältestenrat besteht aus erfahrenen, nicht den „ältesten" Abgeordneten.

- Sie unterstützen das Präsidium u. a. bei der Organisation und
- vermitteln zwischen den Fraktionen.

Fraktionen

Fraktionen vereinen mit mindestens 5 % der BTags-Sitze die

- Abgeordneten einer Partei,
- Abgeordneten mehrerer Parteien,
  - die aufgrund gleichgerichteter politischer Ziele
  - in keinem Bundesland konkurrieren.

Aufgaben:

- Besetzung der Bundestagsorgane, ihrer Vorsitzenden und Stellvertreter
- Absprache über Inhalte, Ziele und ihre geschlossene Darstellung im Bundestag und in der Öffentlichkeit

Koalition – Regierungskoalition

- Zusammenschluss mehrerer Fraktionen, um als
- Parlamentsmehrheit – absolute Mehrheit – die Regierung zu stellen

Opposition

- Bestehen zwischen Koalition und Regierung engere Bindungen, so ist die
- Opposition das eigentliche Kontrollorgan der Regierung. Als
- Parlamentsminderheit sind ihre Möglichkeiten beschränkt.

Aufgaben:

- Aufzeigen von personellen und sachlichen Alternativen
- Information und kritische Aufklärung der Öffentlichkeit
- Willen, die Mehrheit des Volkes zu vertreten, und damit
- einen Machtwechsel herbeizuführen

Ausschüsse

- Beschlüsse des Bundestages werden von Fachleuten konkret vorbereitet.
- Die Besetzung der Ausschüsse erfolgt entsprechend der Fraktionsstärke.

---

3 Die Zahl der Vertreter richtet sich nach der Zahl und Größe der Fraktionen.

Ständige Ausschüsse:

- Die Fachausschüsse entsprechen weitgehend den Ministerien.
- Sie erledigen die vorbereitende Detailarbeit im Gesetzgebungsverfahren,
- kontrollieren die Bundesministerien – Selbstbefassungsrecht.

Petitionsausschuss: Art. 17 GG

- Der Bürger kann sich an den Petitionsausschuss des Bundestages wenden, um
  - Bitten, etwa zur Gesetzgebung und
  - Beschwerden, etwa über Maßnahmen der Verwaltung vorzutragen.
- Der Petitionsausschuss hat in der Sache auch bei den zuständigen Behörden zu ermitteln und eine Abschlussempfehlung anzufertigen.

Untersuchungsausschüsse:

- Von ¼ der Abgeordneten (≥ 150) des Bundestages eingesetzt,
- um Missstände, rechtliche Verfehlungen, Skandale
- in Regierung und/oder Verwaltung aufzuklären. Sie haben
- behördlichen Charakter und können Zeugen vernehmen (nach StPO).
- Sie sind keine Gerichte und fällen deshalb keine Urteile.
- Der Abschlussbericht wird vom BTag und den zuständigen Stellen aufgearbeitet.

c) Stellung und Rechte der Abgeordneten

Passives Wahlrecht

Wählbar sind

- alle Deutschen mit mindestens 1-jähriger Staatsangehörigkeit
- nach Vollendung des 18. Lebensjahres.

Freies Mandat – Art. 38 GG

Die Abgeordneten sind als Mitglieder des Deutschen Bundestages (MdB)

- Vertreter des ganzen Volkes,
- nicht an Aufträge und Weisungen gebunden,
- nur ihrem Gewissen verantwortlich. (s. Demokratie, S. 82 ff.)

Freies Mandat und Fraktionsdisziplin

Abgeordnete werden weitgehend als Kandidat einer Partei gewählt – im Wahlkreis häufig, über die Landesliste immer.

Die Partei und Fraktion wie auch viele Wähler erwarten deshalb

Fraktionsdisziplin:

Der Abgeordnete vertritt die Ziele seiner Fraktion, an denen er mitwirkte,
- im Parlament bei Wahlen und Abstimmungen, in der
- Öffentlichkeit durch das solidarische Auftreten als Fraktionsmitglied.

Indemnität – Art. 46 Abs. 1 GG

Der Abgeordnete darf nicht wegen seiner
- Äußerungen und Abstimmungen im Parlament
- gerichtlich oder dienstlich verfolgt oder zur Verantwortung gezogen werden.

Ausnahme: verleumderische Beleidigung

Immunität – Art. 46 Abs. 2 bis 4 GG

Der Abgeordnete ist
- für die Dauer seines Mandats
- vor Strafverfolgung und Strafvollstreckung geschützt, außer er wird „bei Begehung der Tat oder im Laufe des folgenden Tages festgenommen".

Nur der Immunitätsausschuss des BTages kann die Immunität aufheben.

Dieser Schutz dient dazu,
- die Arbeit des gewählten Abgeordneten und Parlaments zu garantieren,
- die Manipulation von Abstimmungen durch Verhaftung von Abgeordneten zu verhindern (1933 Ermächtigungsgesetz).

d) Aufgaben

Wahl und Legitimation der obersten Bundesorgane

siehe: Schaubild S. 111 und BReg. / BVerfG / BVers / BPräs.

Kontrollrechte, speziell gegenüber der Regierung

Ausschüsse *Petitionsausschuss* *Untersuchungsausschuss*	} siehe: Bundestags-Organisation

Haushaltsrecht und Rechnungskontrolle, zusammen als Budgetrecht bezeichnet:

- Der Bundestag steuert und kontrolliert durch Bewilligung, Kürzung oder Streichung der Haushaltsmittel Maßnahmen und politische Aktivitäten der Bundesregierung und Ministerien.
- Haushaltsbeschlüsse werden als Gesetz (Einspruch-) festgeschrieben.
- Der BTag kann vom Finanzminister die Rechnungslegung über Einnahmen und Ausgaben, Vermögen und Schulden des Bundes verlangen.

Interpellationsrecht/Fragerecht:

Die Bundestagsabgeordneten müssen von der Regierung

Informationen und Aufklärung – zu ihrer Politik und
– zu Maßnahmen der Verwaltung erhalten.

- *Fragestunde:* (max. 3 Stunden)
  Mündliche Anfragen (2/Wo.) der Abgeordneten vor der Plenarsitzung. Die mündlichen Antworten sollte die BReg.vorbereiten können.
- *Aktuelle Stunde:* (max. 1 Stunde)
  Mündliche Aussprache der Abgeordneten (5 Min./MdB) über eine konkrete Frage von aktuellem Interesse (i. d. R. nach der Fragestunde).
- *Kleine Anfrage:*
  Schriftliche Anfrage von Abgeordneten, (i. d. R. mind. Fraktionsstärke), schriftliche Antwort der BReg. – ohne Debatte im BTag.
- *Große Anfrage:*
  Schriftliche Anfrage von Abgeordneten (i. d. R. mind. Fraktionsstärke), schriftliche Antwort der BReg. – mit Debatte im BTag.
- *Anwesenheitsverlangen:*
  Der BTag und seine Ausschüsse können die Anwesenheit von Mitgliedern der BReg. verlangen, damit sie umfassend Auskunft geben.
- *Regierungsbefragung:*
  Unmittelbar nach Kabinettsitzungen der Regierung können Abgeordnete Fragen zu den behandelten Themen stellen.

Parlamentarische Kontrollinstanzen[4] (Auswahl):

Bundeswehr:	Der/Die Wehrbeauftragte des Bundestages überwacht die Einhaltung der Grundrechte der Soldaten und deckt Missstände auf.
Auslandseinsätze BW	Überprüfung geplanter Auslandseinsätze der Bundeswehr, Aufklärung des BTages vor dessen Abstimmung
Nachrichtendienste[5]:	Parlamentarische Kontrollgremium (PKGr): Verfassungsschutz, MAD und BND
Art. 10 GG	– G 10-Gremium: Art. 10 Abs. 2 Satz 2 GG – Gremium nach § 23 c Zollfahndungsdienstgesetz: Fahndung gemäß Außenwirtschafts- und Kriegswaffenkontrollgesetz
Art. 13 GG	Gremium nach Art. 13 Abs. 6 GG: akustische Wohnraumüberwachung

Konstruktives (!) Misstrauensvotum: Art. 67 GG

Der BTag kann dem Bundeskanzler das Misstrauen nur aussprechen, wenn er mit absoluter Mehrheit einen Nachfolger wählt und den Bundespräsidenten ersucht, den Kanzler zu entlassen und den Gewählten zu ernennen.

Konstruktive Absicht:

- Die Abwahl des Bundeskanzlers gilt erst dann, wenn der vorgeschlagene Kandidat die Bundestagsmehrheit besitzt.
- Die Führung des Staates durch die Regierung ist immer garantiert.

Vertrauensfrage: Art. 68 GG

Der Bundestag kann dem Antrag des Bundeskanzlers, ihm das Vertrauen auszusprechen, seine Zustimmung versagen.

Folgen:

- Auflösung des Bundestages binnen 21 Tagen und Neuwahlen,
- Konstruktives Misstrauensvotum,
- Minderheitenregierung

4 Der Bundesbeauftragte für den Datenschutz und die Informationsfreiheit ist seit 2016 eine unabhängige eigenständige oberste Bundesbehörde.

5 Wetzling, T., BND-Affäre, Großbaustelle Geheimdienstkontrolle, FAZ.NET, 30. 04. 2015 (www.faz.net/aktuell/inland/bnd-nsa-affaere-reform-der-geheimdienstkontrolle-noetig-13565482.html).

Gesetzgebung

Gesetzesinitiative
Gesetzesbeschluss } → siehe: Kapitel X Gesetzgebung (S. 127)

Haushaltsrecht → siehe: Kontrollrechte des Bundestages

Ratifizierung von Staatsverträgen

Zustimmung zu Verträgen mit Staaten oder internationalen Organisationen über die gegenseitigen politischen Beziehungen und Rechte.

2. Der Bundesrat (BRat); Art. 50–53 GG

a) Staatsrechtliche Stellung

Der Bundesrat vertritt die Interessen der Bundesländer auf Bundesebene
„Durch den Bundesrat wirken die Länder bei der

- Gesetzgebung und
- Verwaltung des Bundes und in Angelegenheiten der
- Europäischen Union mit.“

b) Zusammensetzung

Der Bundesrat besteht aus Mitgliedern der Länderregierungen.
Die Stimmen eines Landes können nur einheitlich abgegeben werden.
Die Stimmverteilung richtet sich nach der Einwohnerzahl des Landes.

Jedes Land hat mindestens → 3 Stimmen
ab 2 Mill. Einwohnern → 4 Stimmen
ab 6 Mill. Einwohnern → 5 Stimmen
ab 7 Mill. Einwohnern → 6 Stimmen

c) Aufgaben

Mitwirkung bei der Gesetzgebung des Bundes

- *Gesetzesinitiative*
- *Zustimmungsgesetze*:
  Ihr Zustandekommen setzt die entsprechenden Mehrheiten des BRates voraus:
  - Verfassungsänderungen benötigen die absolute $^2/_3$-Mehrheit.
  - Föderative Gesetze benötigen die absolute Mehrheit, da sie die Interessen der Länder betreffen.
- *Einspruchsgesetze:* (alle übrigen Gesetze) Ihr Zustandekommen setzt nicht die Bestätigung des BRates voraus. Der Einspruch des BRates kann vom BTag zurückgewiesen werden.

Mitwirkung bei der Verwaltung des Bundes

Zustimmung beim

- Erlass von Rechtsverordnungen und Verwaltungsvorschriften
- Einrichten bundeseigener Mittel- und Unterbehörden (z. B. Bundeswehr)
- Feststellen des Verteidigungsfalls

Mitwirkung in den Angelegenheiten der Europäischen Union: Art. 23 GG

Zustimmung bei

- Übertragung von Hoheitsrechten auf die EU
- EU-Verträgen oder -Regelungen, die eine GG-Änderung zur Folge haben

3. Der Bundespräsident / Die Bundesversammlung; Art. 54–61 GG

a) Die Bundesversammlung

- besteht aus 598[6] Mitgliedern des Bundestages,
- aus der entspr. Anzahl von den 16 Landtagen gewählten Delegierten.
- wählt den Bundespräsidenten.
- Im 1. und 2. Wahlgang ist die absolute Mehrheit und
  im 3. Wahlgang die relative Mehrheit erforderlich.

6 Plus die Anzahl der Überhang- und Ausgleichsmandate.

b) Der Bundespräsident (BPräs.)

1.) Staatsrechtliche Stellung

Der Bundespräsident ist das Staatsoberhaupt der Bundesrepublik Deutschland.

„Nach der Ausgestaltung seines Amtes ist er nicht einer der drei klassischen Gewalten zuzuordnen. Er verkörpert die Einheit des Staates. Autorität und Würde seines Amtes kommen gerade auch darin zum Ausdruck, dass es auf vor allem geistig-moralische Wirkung angelegt ist.“[7]

Auf Grund seiner persönlichen und seiner Amtsautorität haben Inhalt und Auswahl seiner Beiträge, Reden und Gespräche ausgleichenden und prägenden Einfluss auf das Gemeinwesen und die Politik.

Als oberster Repräsentant Deutschlands – nach Innen und Außen – ist er zu überparteilicher, nicht jedoch unpolitischer Tätigkeit verpflichtet. Dieses ist oftmals ein parteipolitischer „Drahtseilakt“, auch wenn er sich zu aktuellen politischen Themen in grundsätzlicher Form äußert.

Die Amtszeit ist auf zwei Wahlperioden von je 5 Jahren begrenzt.

Stellvertreter ist der Präsident des Bundesrates.

2.) Aufgaben des Bundespräsidenten im Einzelnen

Legislative

- Im Gesetzgebungsverfahren obliegt ihm die
  - Ausfertigung der Gesetze, die Prüfung auf Verfassungsmäßigkeit und ihre Unterzeichnung,
  - Veröffentlichung im Bundesgesetzblatt.
- Den Bundestag kann er einberufen.
- Den Bundestag kann er in zwei Fällen auflösen:
  - Ein Bundeskanzler wurde auch im 3. Wahlgang nicht gewählt.
  - Ein Bundeskanzler hat nach der Vertrauensfrage keine Mehrheit.

Exekutive

- Den Bundeskanzler schlägt er vor (nur 1. Wahlgang).
- Bundeskanzler und -minister ernennt und entlässt er. Ebenso
- Bundesrichter, Bundesbeamte, Offiziere und Unteroffiziere.

7 Bundesverfassungsgericht, Urt. v. 10. 06. 2014, 2 BvE 2/09.

- Das Begnadigungsrecht steht ihm zu.
- Titel, Orden und Ehrenzeichen verleiht er.

Auswärtige Beziehungen

- Völkerrechtliche Verträge schließt er nach der Zustimmung des Bundestages ab.
- Ausländische Gesandte beglaubigt und empfängt er.

4. Die Bundesregierung (BReg.); Art. 62–69 GG

a) Staatsrechtliche Stellung

Die Regierung besteht aus dem Bundeskanzler[8] *und den Bundesministern.*

- Die BReg. ist oberste ausführende Gewalt, Exekutive, und
- zur politischen Führung und Gestaltung berufen. Auch wirkt sie
- an der Gesetzgebung und Auswahl der Bundesrichter mit.

Die Bundesregierung ist somit an den anderen Gewalten beteiligt. Das soll

- die Handlungsfähigkeit des Staates sichern und
- blockierende Konflikte zwischen den Gewalten mindern – Konflikte, wie sie zum Niedergang der Weimarer Republik führten.

Die Bundesregierung ist wiederum – personell wie programmatisch – *von der Mehrheit des Bundestags abhängig.* Dieses verdeutlicht u.a. die

b) Bildung der Bundesregierung

Die Wahl des Bundeskanzlers ist in der parlamentarischen Demokratie Aufgabe des neugewählten Bundestages:

1. Wahlgang:

Auf Vorschlag des BPräs., der sich an den Mehrheiten im BTag orientiert, wählt der BTag den Kanzler → Bei absoluter Mehrheit ernennt der BPräs. ihn. Bei relativer Mehrheit erfolgt ein

8 Die Bezeichnung „Bundeskanzler" bezeichnet wie im GG geschlechtsneutral das Amt. Dieses gilt in gleicher Form für alle Amtsbezeichnungen.

2. Wahlgang:

Das Vorschlagsrecht für Kandidaten/innen hat der BTag. Er wählt binnen 14 Tagen einen Kanzler → Bei absoluter Mehrheit ernennt der BPräs. ihn. Bei relativer Mehrheit erfolgt ein

3. Wahlgang:

Die Wahl erfolgt unverzüglich nach obiger 14-Tagesfrist.

Bei absoluter Mehrheit ernennt der Bundespräsident den Kanzler.

Bei relativer Mehrheit kann der Bundespräsident

- den Kanzler ernennen *oder*
- den Bundestag auflösen.

Die Bundeminister werden

- vom Bundeskanzler ausgewählt. Der Bundespräsident ernennt sie.
- Die Minister sind damit dem Kanzler, nicht dem BTag verantwortlich.

c) Beendigung der Amtszeit

Mit Beendigung des Amtes des *Bundeskanzlers* endet auch das Amt der *Bundesminister* (Art. 69 Abs. 2 GG).

Das Amt des Bundeskanzlers endet in folgenden Fällen:

- *Ein neugewählter BTag* wählt beim Zusammentritt einen neuen Kanzler. Wiederwahlen sind möglich.
- *Mit Rücktritt des Bundeskanzlers* endet sein Amt.
- *Konstruktives Misstrauensvotum, Art. 67 GG*
  - Der Bundestag wählt mit absoluter Mehrheit einen Nachfolger.
  - Der BPräs. muss den Kanzler entlassen und den Gewählten ernennen.

  Konstruktiv ist dieses Verfahren, weil
  - regierungslose Zeiten vermieden werden,
  - der Nachfolger definitiv feststeht, ehe der Kanzler entlassen wird.
- *Vertrauensfrage, Art. 68 GG*
  - Der Bundeskanzler beantragt eine Vertrauensabstimmung.
  - Der BTag kann ihm mit absoluter Mehrheit das Vertrauen aussprechen.
  - Besitzt der Kanzler nicht mehr das Vertrauen des BTages, kann
    - der Kanzler beim BPräs. die Auflösung des BTages beantragen,

  - der BTag kann dem durch Wahl eines Nachfolgers zuvorkommen.
  - Der Kanzler kann zurücktreten.
  - Als Kanzler einer Minderheitenregierung im Amt bleiben.

d) Interne Aufgabenverteilung

Kanzlerprinzip: Der Kanzler als hervorgehobene Person in der Regierung
- bestimmt die Richtlinien der Regierungspolitik, Richtlinienkompetenz:
  - inhaltlich durch programmatische Festlegung der Aufgaben und Ziele,
  - personell durch Auswahl seiner Minister und Organisation der Arbeit, durch die Ernennung seines Stellvertreters, des Vizekanzlers,
  - trägt die Verantwortung gegenüber dem Bundestag u. a. durch vorzeitige Beendigung seines Amtes (s. o.).

Ressortprinzip: Jeder Bundesminister leitet
- innerhalb der verbindlichen Richtlinien des Bundeskanzlers
- seinen Geschäftsbereich, Ressort, selbstständig und eigenverantwortlich.

Kollegialprinzip: Der Kanzler und alle Minister entscheiden
- bei internen Meinungsverschiedenheiten gleichberechtigt.
- Die Entscheidungen sind von jedem Minister verbindlich zu vertreten.

e) Aufgaben und Befugnisse

Ausführende Gewalt

Der Bundesregierung mit den einzelnen Ministerien obliegt
- die Ausführung der Bundesgesetze
  - bei bundeseigener Verwaltung durch nachgeordnete Behörden,
  - bei Verwaltung durch die Länder durch die Bundesaufsicht,
- der Erlass von bundeseinheitlichen Verwaltungsvorschriften,
- die Zustimmung zu völkerrechtlichen Verträgen,
- der Einsatz des Bundespolizei (BPOL),
- die Befehlsgewalt über die Bundeswehr.

Gesetzgebung

Die Bundesregierung kann

- Gesetzesvorlagen beim BTag einbringen und die des BRates prüfen,
- den Vermittlungsausschuss einberufen,
- eigene Rechtsverordnungen mit Gesetzeskraft erlassen, z.B. StVO.

Auswahl der Bundesrichter

Der zuständige Justizminister entscheidet

- mit dem Richterwahlausschuss über die
- Berufung der Richter an die 5 obersten Bundesgerichtshöfe.

Politische Führung und Gestaltung

Der BReg als unabhängiges Verfassungsorgan obliegt die Staatsführung.

Bundesregierung und Bundestags-Mehrheit werden i.d.R. von den gleichen Parteien gebildet. Damit besitzt die Regierung einen weiten Führungs- und Gestaltungsrahmen, um

- die Lebensverhältnisse der Bürger auf der
- Basis der entsprechenden Parteiprogramme u.a. durch die
- Innen-, Außen-, Finanz-, Wirtschafts-, Sozial-, Rechtspolitik zu regeln.

Die Bundesregierung besitzt dazu

- in den einzelnen Ministerien
- große personelle und materielle Möglichkeiten, die so der
- parlamentarischen Opposition und den anderen Bundesorganen fehlen.

5. Das Bundesverfassungsgericht (BVerfG); Art. 92–94 GG

Sitz: Karlsruhe

a) Staatsrechtliche Doppelstellung

Das BVerfG ist als *oberstes Bundesorgan* und als *oberster Gerichtshof* des Bundes selbstständig und unabhängig gegenüber den anderen Verfassungsorganen.

Dem Bundesverfassungsgericht ist als *„Hüter der Verfassung“* die juristische Auslegung und Anwendung der Verfassung anvertraut.

b) Zusammensetzung – Wahl – Arbeitsweise

Zusammensetzung

- Das Bundesverfassungsgericht ist ein Doppelgericht mit 2 Senaten.
- Jedem Senat gehören 8 Richter an,
  - 3 von ihnen müssen aus obersten Gerichtshöfen des Bundes kommen.
- Voraussetzungen für das Richteramt sind:
  - die Befähigung zum Richteramt (2. juristisches Staatsexamen)
  - das Mindestalter von 40 Jahren
- Die Amtszeit dauert
  - 1 × 12 Jahre,
  - längstens bis zum 68. Lebensjahr.
- Inkompatibilität: Das Richteramt ist unvereinbar mit anderen Tätigkeiten.

Wahl

- Bundestag und Bundesrat wählen
  - je 4 Richter pro Senat mit Zweidrittelmehrheit,
  - im Wechsel den Präsidenten und seinen Stellvertreter.
- Der Bundesrat wählt unmittelbar.
- Der Bundestag wählt durch den Richterwahlausschuss.

Nach (!) der Wahl wird der BTag informiert.

Arbeitsweise

- Jeder Senat entscheidet selbstständig.
- Beschlussfähig ist jeder Senat mit mindestens 6 Richtern.
- Bei Zweifelsfällen über die Zuständigkeit entscheiden 3 Richter jedes Senats (Sechserausschuss) gemeinsam.
- Bei Abweichungen von der Zuständigkeit entscheiden beide Senate als Plenum.

c) Zuständigkeiten

Zuständigkeitsbereiche

Organstreitverfahren: Streitigkeiten oberster Bundesorgane über ihre grundgesetzlichen Rechte und Pflichten

Bund-Länder-Streitverfahren: Differenzen des Bundes und der Länder bezüglich ihrer verfassungsrechtlichen Kompetenzen im Bundesstaat

Normenkontrolle: Prüfung der Vereinbarkeit von

- Bundesrecht oder Landesrecht mit dem GG oder
- Landesrecht mit sonstigem Bundesrecht
- *Abstrakte –:* BReg, LReg oder BTag (1/3 der Mitgl.) beantragen Prüfung.
- *Konkrete –:* Jeder Richter kann – unter Aussetzung des Gerichtsverfahrens
- die Prüfung der anzuwendenden Gesetzesnorm beantragen.

Verfassungsbeschwerde: Jeder Bürger kann Prüfung darüber beantragen,

- ob seine Grundrechte oder grundrechtsähnlichen Rechte
- durch die öffentliche Gewalt verletzt wurden,
- i. d. R. nach Ausschöpfung des Rechtsweges – kostenfrei.

Verwirkung von Grundrechten: siehe Art. 18 GG

Verfassungswidrigkeit politischer Parteien: siehe Art. 21 GG

Wahlprüfung: Beschwerde gegen

- die Gültigkeit der Wahl und den Erwerb oder Verlust der Abgeordnetenstellung im Bundestag
- die Nichtanerkennung von Vereinigungen als Partei zur Wahl des BTages

Bundespräsidentenanklage: Anklage wegen einer vorsätzlichen Verletzung des GG oder eines anderen Bundesgesetzes

Richteranklage: Anklage wegen eines Verstoßes gegen die Grundsätze des GG oder die verfassungsmäßige Ordnung eines Landes

Antragsberechtigt sind

- die obersten Bundesorgane und
- jeder Bürger bei der Verfassungsbeschwerde.

Zuständigkeitsverteilung – überwiegend

1. Senat: Normenkontrollverfahren und Verfassungsbeschwerden
2. Senat: Organstreitverfahren, Bund-Länder-Streitigkeiten, Parteiverbotsverfahren und Wahlprüfung

X. Gesetzgebung des Bundes; Art. 70–82 GG

1. Aufgaben der Gesetzgebung

Aufgabe der Gesetzgebung ist es,

allgemeinverbindliche Rechtsnormen zu schaffen, die

- die staatlichen Organe binden und
- das friedliche Zusammenleben der Menschen regeln.

Gesetzgebungskompetenzen besitzen im Bundesstaat Bund und Länder.

Die Gesetzgebungsorgane auf Bundesebene sind der

- Bundestag als Vertretung des Gesamtstaates und der
- Bundesrat als Vertretung der Bundesländer.

Beide Gesetzgebungsorgane sollen sich gegenseitig ergänzen und im Rahmen vertikaler Gewaltenteilung kontrollieren.

2. Gesetzgebungsverfahren

Das Gesetzgebungsverfahren enthält gemäß der zu erlassenden Rechtsnorm unterschiedliche Bindungen und Mitwirkungsmöglichkeiten:

Absolute Bestandsgarantie: Art. 79 Abs. 3 GG

Jeglicher Änderung sind folgende oberste Rechtsnormen entzogen:

- die Grundsätze der Art. 1 GG und Art. 20 GG
- die Gliederung des Bundes in Länder
- die Mitwirkung der Länder bei der Gesetzgebung des Bundes

Verfassungsändernde Zustimmungsgesetze: Art. 79 Abs. 2 GG

- absolute Zweidrittelmehrheit in BTag und BRat bei GG-Änderungen

Föderative Zustimmungsgesetze: Gebiete sind im GG einzeln bestimmt.

- absolute Mehrheit in BTag und BRat bei Gesetzen, die die Belange der Bundesländer betreffen, z.B. Finanzwesen Art. 105 GG

Einspruchsgesetze: Art. 77 Abs. 3 und 4 GG

- Alle übrigen Gesetze können
  trotz Einspruch des Bundesrates in erneuter Abstimmung vom Bundestag mit entsprechender Mehrheit verabschiedet werden.

Der Vermittlungsausschuss (Art. 77 Abs. 2 GG) versucht,

bei Ablehnung einer Gesetzesvorlage im BRat zwischen BRat und BTag eine einvernehmliche Regelung herbeizuführen. Der BRat kann den Vermittlungsausschuss generell anrufen, bei Zustimmungsgesetzen auch BTag oder BReg.

Zusammensetzung: 16 BTags- und 16 BRats-Mitglieder (1 Mitglied je BL).

3. Gang der Gesetzgebung

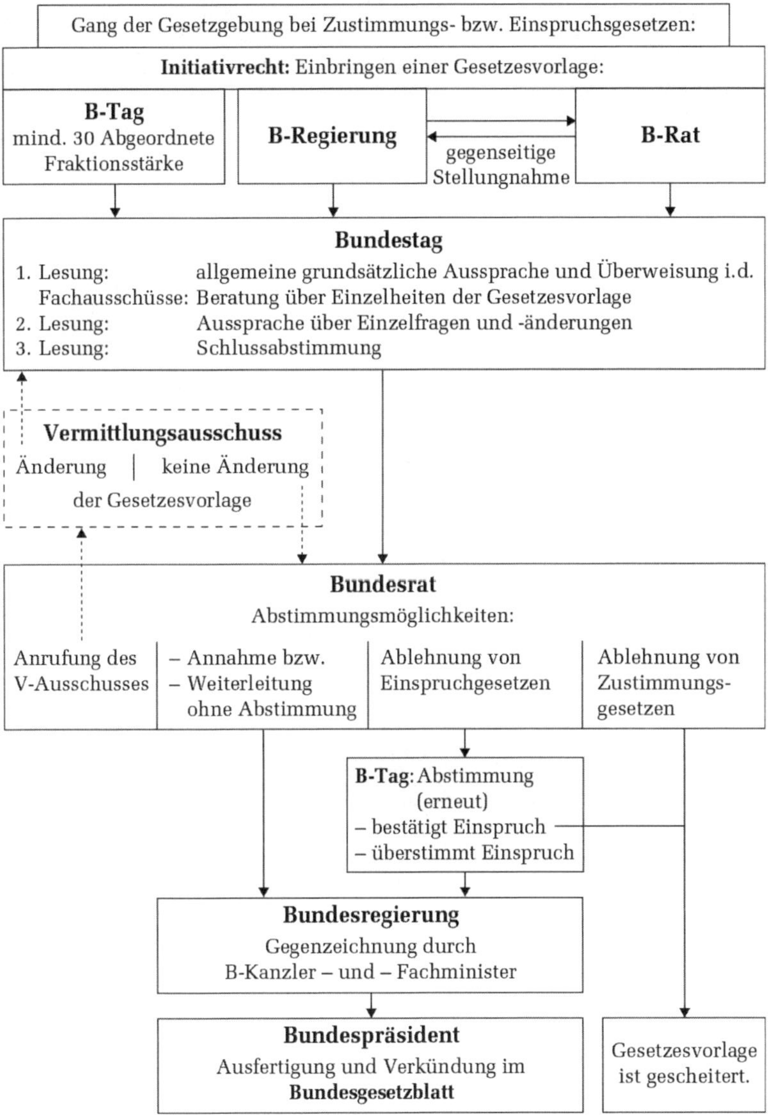

XI. Staatengemeinschaften

In der Präambel[1] betont das GG den Willen des Deutschen Volkes, „als gleichberechtigtes Glied in einem vereinten Europa dem Frieden der Welt zu dienen ...“.

Beide Ziele,

- die Nationen Europas zu vereinen und
- eine weltweite Friedensordnung zu schaffen,

führten direkt nach dem II. Weltkrieg zur Gründung des Europarates und der UN. In den Folgejahren werden sie durch weitere Staatengemeinschaften vertieft.

Das Grundgesetz ermöglicht in Art. 24 den Beitritt Deutschlands zu

- *internationalen bzw. zwischenstaatlichen Gemeinschaften:* Sie bestehen zwischen Staaten ohne Einschränkung der staatlichen Souveränität.
- *supranationalen Gemeinschaften:* Auf diese können die Mitgliedsstaaten auf staatsrechtlicher Basis bestimmte Hoheitsrechte übertragen.

1. Europarat[2]

1949 von 10 Mitgliedsstaaten gegründet, gehören 2020 47 Staaten dem Europarat als *zwischenstaatliche* Gemeinschaft an.

Russland wurden nach der Krim-Annexion 2014 die Stimmrechte entzogen. 2019 erhielt es diese zurück, um einen drohenden Ausschluss und den Abbruch der Beziehungen zu verhindern.

Ziele sind – als gemeinsames europäisches Erbe – die Verwirklichung von

- Menschenrechten auf einheitlicher, rechtlich bindender Grundlage,
- Demokratie und
- Rechtsstaatlichkeit.

Ergänzt und abgesichert werden diese Ziele durch die

- Bekämpfung von Terrorismus,
- Förderung des wirtschaftlichen und sozialen Fortschritts,

---

1 Feierliches Vorwort zum GG (1949).

2 Siehe auch „Internationale Menschenrechtserklärungen“, S. 31 ff.

- Förderung der kulturellen Zusammenarbeit,
- Förderung des Umwelt- und Naturschutzes.

Die Umsetzung erfolgt durch Konventionen: z. B.

- gegen Folter und Entwürdigung,
- zum Schutze sozialer und ethnischer Minderheiten,
- zum Umweltschutz sowie Datenschutz,
- über Menschenrechte und Biomedizin: Letztere soll den Organhandel verbieten, die Embryonenforschung einschränken, vor genetischen Manipulationen schützen.
  Deutschland ratifizierte diese Konvention bisher nicht.
- Rechtsverbindlich sind Konventionen nach Ratifizierung durch den Mitgliedsstaat.

Die einflussreichsten Konventionen sind

- die Europäische Menschenrechtskonvention (EMRK) sowie
- die Europäische Sozialcharta mit sozialen und wirtschaftlichen Mindestnormen.

Organe des Europarates:

- Generalsekretär: Organisation und Weiterentwicklung
- Parlamentarische Versammlung: Abgeordnete nationaler Parlamente
- Ministerkomitee: Außenminister, Tagungen: 2/Jahr
- Kongress der Gemeinden und Regionen: Förderung bürgernaher Politik
- Europ. Gerichtshof für Menschenrechte: Gerichtsbarkeit gemäß EMRK
- Menschenrechtskommissar: fordernder Vertreter der Menschenrechte

2. Europäische Union (EU)[3]

a) Mitgliedsstaaten – 27 – seit 2020 – ohne Großbritannien[4]

Gründungsstaaten

1951 Belgien, Deutschland, Frankreich, Italien, Luxemburg, Niederlande

3 Siehe: Art. 23 GG.

4 Nach dem Austritt befindet sich GB noch 1 Jahr in einer Übergangsphase.

Beitrittsstaaten

1973 Dänemark, Großbritannien, Irland

1981 Griechenland

1986 Portugal, Spanien

1995 Finnland, Österreich, Schweden

2004 Estland, Lettland, Litauen, Malta, Polen, Slowakische Republik, Slowenien, Tschechische Republik, Ungarn, Zypern

2007 Bulgarien, Rumänien

2013 Kroatien

Beitrittsverhandlungen stehen mit Albanien und Nordmazedonien bevor. Die Balkanstaaten und die Türkei müssen noch die Voraussetzungen erfüllen.

Austritt Großbritanniens aus der EU zum 31. Januar 2020.

b) Der europäische Einigungsprozess

Ziele und Aufgaben der europäischen Einigung:

- die friedliche Zusammenarbeit zwischen den Staaten
- die Überwindung nationaler Interessengegensätze und -konflikte
- die Verbesserung des Lebensstandards der Menschen
- die Schaffung und Verwirklichung eines demokratischen Europas
- die Überwindung des Wohlstandsgefälles in Europa
- die schrittweise Integration der osteuropäischen Staaten

Stationen der europäischen Einigung

1951 Die Montanunion führt die nationalen Rohstoffvorkommen wie Kohle und Stahl, um die mehrfach Kriege geführt wurden, zusammen.

1957 Mit den *Römischen Verträgen* entstehen zwei neue Gemeinschaften:
- Die Europ. Atomgemeinschaft (Euratom) widmet sich der friedlichen Forschung, Entwicklung und Nutzung der Atomenergie.
- Die Europäische Wirtschaftsgemeinschaft (EWG) soll eine Wirtschafts- und Währungsunion schaffen.

1967 *Die Europäische Gemeinschaft (EG)* schließt die weiterbestehenden drei Gemeinschaften zusammen.

1993 Der *Gemeinsame Binnenmarkt mit vier Freiheiten* entsteht.

1993 Die *Europäische Union* entsteht gemäß Maastrichter Vertrag.

1999 Der *Vertrag von Amsterdam* stärkt die Befugnisse der EU. Ein „Raum von Freiheit, Sicherheit und Recht“ wird angestrebt.

2001 Der *Vertrag von Nizza* reformiert die Entscheidungsprozesse in der EU, um auch mit über 21 Staaten beschlussfähig zu sein.

2002 Die *Europäische Wirtschafts- und Währungsunion* ist umgesetzt.

Der EURO ist auch als Bargeld eingeführt.

2004 Die *„Verfassung für Europa“* wurde in Rom unterzeichnet. In Volksabstimmungen lehnen sie Franzosen und Niederländer ab.

seit 2008 Die Krise der Weltwirtschaft führt zu einer engeren Zusammenarbeit der Mitgliedsstaaten der EU, speziell im EURO-Raum.

2009 Der *Lissabonner Vertrag* beinhaltet den „Vertrag über die EU“ (EUV) und den „Vertrag über die Arbeitsweise der EU“ (AEUV). Er reformiert die EU grundlegend.

Der Vertrag verweist direkt auf die *„Charta der Grundrechte“*.

2010 Der *„Euro-Rettungsschirm“* wird von 17 Euro-Staaten und dem IWF mit einem Volumen von 750 Mrd. € initiiert.

2012 Einen *„Fiskalpakt“* mit strengen Verschuldungsregeln beschließen 25 der 27 EU-Staaten.

2020 Brexit – Ausscheiden Großbritanniens aus der EU (1 Jahr Übergangsfrist)

c) Grundprinzipien der Europäischen Union

Die Europäische Union als Wertegemeinschaft (Artikel 2 EUV)

- Im Lissabonner Vertrag heißt es:
  „Die Werte, auf die sich die Union gründet, sind die Achtung der Menschenwürde, Freiheit, Demokratie, Gleichheit, Rechtsstaatlichkeit und die Wahrung der Menschenrechte einschließlich der Rechte der Personen, die Minderheiten angehören. Diese Werte sind allen Mitgliedstaaten in einer Gesellschaft gemeinsam, die sich durch Pluralismus, Nichtdiskriminierung, Toleranz, Gerechtigkeit, Solidarität und die Gleichheit von Frauen und Männern auszeichnet.“

Das Prinzip der begrenzten Einzelermächtigung (Artikel 5 EUV)

- grenzt die Zuständigkeiten zwischen den Mitgliedstaaten und der EU ab.
- Die Staaten übertragen Hoheitsrechte auf die EU. Diese wird damit

- ermächtigt, den gesetzten Ziele und Zuständigkeiten gemäß zu handeln.
- An die Beschlüsse der EU sind die Staaten gebunden.
- Nicht übertragene Zuständigkeiten verbleiben bei den Mitgliedstaaten.

Das Prinzip der Subsidiarität (Artikel 5 EUV)

Erstrangig werden Aufgaben von den einzelnen Staaten wahrgenommen.

Die EU wird erst dann zuständig, wenn

- die Maßnahmen nicht ausreichen oder
- die EU die Ziele besser und effektiver verwirklichen kann.

Das Prinzip der Verhältnismäßigkeit (Artikel 5 EUV)

Die Maßnahmen der EU müssen

- geeignet sein, das Ziel besser als die einzelnen Staaten zu erreichen,
- in einem angemessenen Verhältnis zum Ziel stehen,
- dürfen das erforderliche Maß nicht überschreiten – Übermaßverbot.

d) Organe der EU

Degressive Proportionalität

12 Staaten der EU haben weniger als 6 Mill. Einwohner (2019).[5]
3 Staaten haben mehr als 50 Mill. Einwohner (ohne GB).
Berechnete man alle Stimmrechte proportional zur Bevölkerungszahl, hätten die kleineren Staaten keinen Einfluss. Die EU könnte nicht existieren. Um den Einfluss der kleineren Staaten zu wahren, erhalten diese „degressiv proportional" mehr Stimmen als die großen.

Europäisches Parlament (EP) in Straßburg

1979 1. Direktwahl des EP (Vorgänger: Beratende Versammlung)

2009 Mit dem Lissabonner Vertrag erhält das Parlament mehr Rechte.

Wahl durch die Unionsbürger

- alle 5 Jahre – z. Z. noch nach nationalem Wahlrecht
- 705 Abgeordnete[6]

5 Eurostat, Bevölkerung am 1. Januar 2020; https://ec.europa.eu/eurostat/databrowser/view/tps00001/default/table?lang=de.

6 751 Abgeordnete vor dem Brexit 2020.

Aufgaben und Befugnisse

Wahl

- der Kommission:
  - Der Europäische Rat (s. u.) schlägt dem EP einen Kandidaten für das Amt des Präsidenten der Kommission vor.
  - EP wählt den nominierten Kandidaten mit absoluter Mehrheit.
  - Erst danach erfolgt die Ernennung der Kommissionsmitglieder insgesamt nach einer intensiven Überprüfung der einzelnen Kandidaten.
- des Europäischen Bürgerbeauftragten:
  - Untersuchungen zu Missständen in der Verwaltungstätigkeit der EU
  - aufgrund von Bürgerbeschwerden oder aus eigener Initiative

Kontrolle

- Parlamentarische Anfragen
- Untersuchungsausschüsse
- Misstrauensvotum gegen die EU-Kommission (insgesamt)

Gesetzgebungsakte und -verfahren

- Rechtsakte:
  - Verordnungen gelten verbindlich und unmittelbar in jedem Mitgliedsstaat.
  - Richtlinien geben ein verbindliches Ziels vor. Sie müssen innerhalb einer bestimmten Frist in nationales Recht umgesetzt werden.
  - Entscheidungen regeln Einzelfälle verbindlich.
- Haushaltsverfahren zum Jahreshaushalt der EU – Beschluss bzw. Entlastung:
  - Entscheidungsrecht von EP und Rat der EU.
    EP muss zum Schluss zustimmen.
- Ordentliches Gesetzgebungsverfahren für die supranationalen Politikbereiche
  - Initiativrecht besitzt allein die Kommission, der
  - das EP lediglich Gesetzesvorhaben vorschlagen kann.
  - EP *und* Rat der EU verabschieden Gesetze mit absoluter Mehrheit.
  - Der Vermittlungsausschuss versucht Differenzen beider Organe zu klären, um Gesetze dann in 3. Lesung zu verabschieden.

- Beratung und Unterrichtung
  zur Gemeinsamen Außen- u. Sicherheitspolitik (GASP):
  - Beratung und Unterrichtung durch den Rat der EU, speziell der
  - Hohe Vertreter für die Außen- und Sicherheitspolitik

Europäischer Rat (ER)

Gipfeltreffen – mind. 2x pro Halbjahr –

Teilnehmer

- Staats- und Regierungschefs der Mitgliedsstaaten
- Präsident des Europäischen Rates: z. Z. Charles Michels (Belgien)
- Präsident/in der Europäischen Kommission: z. Z. Ursula von der Leyen (Deutschland)
- Hoher/e Vertreter/in für Außen- und Sicherheitspolitik

Weisungsbefugnis besteht gegenüber dem Rat der EU.

Aufgaben

- Impulse für allgemeine politische Zielvorstellungen und Prioritäten
- Grundsätze, Leitlinien und Strategien der GASP
- Krisenmanagement z. B.: Bewältigung des Brexit
- richtungsweisende Fortentwicklung des Einigungsprozesses
- Wahlvorschlag: Bewerber zum Präsidenten der Europ. Kommission
- Ernennung: Hoher/e Vertreter/in für Außen- und Sicherheitspolitik

Rat der EU/Ministerrat (Rat) in Brüssel und Luxemburg

Zusammensetzung

Die Fachminister der Staaten vertreten weitgehend nationale Interessen.

Die 10 Ratsformationen entsprechen etwa den fachlichen Themen:

- Allgemeine Angelegenheiten
- Wirtschaft und Finanzen
- Wettbewerbsfähigkeit
- Umwelt
- Beschäftigung, Sozialpolitik
- Gesundheit u. Verbraucherschutz
- Auswärtige Angelegenheiten
- Justiz und Inneres
- Landwirtschaft und Fischerei
- Bildung, Jugend, Kultur und Sport
- Verkehr, Telekommunikation u. Energie

Die Ratspräsidentschaft wechselt unter den Mitgliedsstaaten halbjährlich.

2020	Kroatien	Deutschland	2023	Schweden	Spanien
2021	Portugal	Slowenien	2024	Belgien	Ungarn
2022	Frankreich	Tschechische Republik	2025	Polen	Dänemark

Aufgaben

- Legislative der EU zusammen mit dem Europäischen Parlament:
  - Verabschiedung der Rechtsvorschriften der EU
  - Genehmigung des Haushaltsplans der EU
- Außenpolitische Aufgaben:
  - Entwickeln der Gemeinsamen Außen- und Sicherheitspolitik (GASP)
  - Abschluss internationaler Übereinkünfte der EU mit anderen Staaten
- Abstimmung der Politik der Mitgliedstaaten auf den Gebieten (Ressorts):
  - Haushalts-, Wirtschafts- und Beschäftigungspolitik
  - Bildung, Kultur, Jugend und Sport
  - Kooperation von nationalen Gerichten, Polizeikräften, Zoll
- Feststellen des Haushaltsplans der EU – gemeinsam mit dem EP

Beschlussfassung

- Einfache Mehrheit: Mehr Stimmen sind dafür als dagegen.
  Sie ist nur für wenige Beschlüsse vorgesehen.
- Die doppelte Mehrheit:
  - mind. 55 % aller Länder: → 15 Länder und
  - mind. 65 % der EU-Gesamtbevölkerung: → ca. 291 Mill. Bürger
  - Die doppelte Mehrheit betrifft die meisten Entscheidungen.
- Einstimmigkeit ist für Beschlüsse zur GASP erforderlich.

Europäische Kommission in Brüssel

Die Kommission vertritt und wahrt die Interessen der EU insgesamt. Der Präsident[7] bestimmt die Richtlinien der Politik der Kommission.

7 Die Bezeichnung „Präsident" bezeichnet geschlechtsneutral das Amt. Dieses gilt in gleicher Form für alle Amtsbezeichnungen.

Zusammensetzung und Wahl

Die Kommission besteht aus dem Präsidenten und 26 Kommissaren (ohne GB). Diese werden jeweils durch die nationalen Regierungen vorgeschlagen.

- Präsidentin: Ursula von der Leyen (Deutschland)
- Das EP wählt die Kommission insgesamt – oder missbilligt sie.
- Der Europäische Rat ernennt den Präsidenten und danach die 27 Kommissare.

Beschlüsse werden mit der Mehrheit der Stimmen gefasst.

Aufgabenbereiche

Zuständigkeiten der Kommission:

Exekutive	– Vollzug des EU-Rechts und der Politik der EU
	– Umsetzen des Haushalts der EU
Legislative	– Initiativrecht für neue Rechtsvorschriften
	– Vorlage der Haushaltsplanung
Kontrolle	– „Hüterin der Verträge“ und ihrer nationalen Umsetzung
	– Untersuchung von Verstößen gegen EU-Recht
Vertretung	– gegenüber Drittstaaten und intern. Organisationen

Europäischer Gerichtshof (EuGH) in Luxemburg

27 Richter und 11 Generalanwälte

- vertreten das EU-Gemeinschaftsrecht und setzen es juristisch durch,
- auf 6 Jahre von den Regierungen einvernehmlich ernannt.

Aufgaben:

- Durchsetzung des europäischen Rechts bei Vertragsverletzungen
- Ausgestaltung und Auslegung des europäischen Rechts
- Normenkontrolle, dem nationalen Recht übergeordnet

Das „Gericht“ ist zuständig bei Eingriffen der EU in die Rechte von Privatpersonen, Unternehmen, Organisationen.

e) Politikbereiche und Zuständigkeiten – Artikel 2–6 AEUV

Mit dem Lissabonner Vertrag erhält die EU eine eigene Rechtspersönlichkeit.

Mit dem „Vertrag über die Arbeitsweise der Europäischen Union" (AEUV) legt die EU die Politikbereiche und ihre Zuständigkeiten fest.

International bleibt die Zuständigkeit im Politikbereich

- Gemeinsame Außen- und Sicherheitspolitik der EU organisiert. (s. u.)
- Von den 27 Mitgliedstaaten müssen Beschlüsse *einstimmig* getroffen werden.

Die supranationalen Zuständigkeiten und die zugeordneten Politikbereiche

- Ausschließliche Zuständigkeit der EU:
  - Zollunion – Binnenmarkt und Wettbewerb
  - gemeinsame Handelspolitik – Wirtschafts- und Währungsunion
  - Erhalt der biologischen Meeresschätze
  - Währungspolitik für die EURO-Staaten
- Die Geteilte Zuständigkeit zwischen der EU und den Mitgliedsstaaten:
  - Binnenmarkt – Sozialpolitik – Verbraucherschutz – Energie
  - Verkehr – transeuropäische Netze – Landwirtschaft und Fischerei
  - Umwelt – Raum der Freiheit, der Sicherheit und des Rechts u. a.
- Die Koordinierende Zuständigkeit der Union und der Mitgliedsstaaten:
  - Wirtschafts- und Beschäftigungspolitik
- Zuständigkeiten der Mitgliedsstaaten:
  mit EU-Unterstützung, -Koordination oder -Ergänzung
  - Industrie – Tourismus – Gesundheitspolitik – Katastrophenschutz
  - allgemeine u. berufliche Bildung – Jugend und Sport – Kultur
  - Verwaltungszusammenarbeit

ohne EU-Beteiligung:

  - Forschung – technologische Entwicklung – Raumfahrt
  - Entwicklungszusammenarbeit und humanitäre Hilfe

f) Gemeinsame Außen- und Sicherheitspolitik (GASP) Gemeinsame Sicherheits- und Verteidigungspolitik (GSVP)

Die Gemeinsame Außen- und Sicherheitspolitik benötigt die Zustimmung jedes Mitgliedsstaates zur Umsetzung ihrer Ziele.

Entscheidungsverfahren

- Der Europäische Rat bestimmt Leitlinien und strategische Vorgaben.
- Der Rat der EU verhandelt deren Festlegung und Durchführung.

Die Ziele der GASP der EU sind:

- Wahrung der Grundwerte, Interessen, Sicherheit und Unabhängigkeit der EU
- Wahrung des Friedens, der intern. Zusammenarbeit und Sicherheit auf der Grundlage der UN-Charta und des Völkerrechts
- Förderung von Menschenrechten, Rechtsstaatlichkeit und Demokratie
- Politische, wirtschaftliche, humanitäre Hilfe und Krisenbewältigung
- Nachhaltigkeit der Entwicklung in Wirtschaft, Gesellschaft und Umwelt
- Schrittweiser Abbau internationaler Handelshemmnisse

Seit 2012 hat die Zahl der Konflikte zugenommen und fordern eine Intensivierung der Außen- und Sicherheitspolitik:
Bürgerkriege, die Verletzung der europäischen Sicherheitsordnung in der Ukraine und auf der Krim durch Russland, die Zunahme von Terrorismus und Gewalt in Nordafrika und im Nahen Osten, hybride Bedrohungen[8], der expansive globale Machtanspruch von Russland und China.

Globale Strategie für die Außen- und Sicherheitspolitik – seit 2016:

Prioritär sind fünf Herausforderungen und Handlungsfelder der GASP:

- Sicherheit und Verteidigung der EU:
  Cyber-Sicherheit, Terrorismus, Energiesicherheit, strategische Kommunikation, Kooperation mit intern. Partnern, insbesondere der NATO
- Resilienz (Widerstandsfähigkeit) :
  Fähigkeit zur Abwehr von Bedrohungen aus den Staaten und Gesellschaft in der südlichen und östlichen Nachbarschaft der EU
- Management zur Bewältigung von Konflikten:
  Peacebuilding[9] und Krisenmanagement, aktives Engagement in Konflikten in Kooperation mit Partnern
- Zusammenarbeit auf der Basis regionaler Ordnungen:
  Berücksichtigung regionaler Entwicklungen im außenpolitischen Handeln und Unterstützung für regionale Kooperationsinitiativen

8 In modernen Konfliktszenarien setzen Angreifer auf eine Kombination aus klassischen Militäreinsätzen, wirtschaftlichem Druck, Computerangriffen bis hin zu Propaganda in den Medien und sozialen Netzwerken ein. Ziel der Angreifer ist es, nicht nur Schaden anzurichten, sondern insbesondere Gesellschaften zu destabilisieren. www.bmvg.de/de/themen/sicherheitspolitik/hybride-bedrohungen/was-sind-hybride-bedrohungen--13692 (abgerufen 19. 12. 2019).

9 s. S. 153 UN – Drei Arten von Friedensmissionen.

- Global Governance – Ordnungspolitik für das 21. Jahrhundert: Bekenntnis zu den Grundsätzen des Völkerrechts, Förderung der Menschenrechte, nachhaltiger Entwicklung und eines effektiven Multilateralismus, d.h. Kooperation mit internationalen Partnern, staatlichen und nichtstaatlichen

Der „Hohe Vertreter der Union für Außen- und Sicherheitspolitik“

- zugleich Vizepräsident der Europäischen Kommission
- zugleich Vertreter des Rates der EU für die Außenpolitik,
- ist seit 2019 Josep Borrell Fontelles.
  - Er entwickelt Vorschläge zur Festigung der GASP,
  - führt die Beschlüsse des Rates der EU durch,
  - repräsentiert die EU und auch die Mitgliedsstaaten gegenüber Drittstaaten und internationalen Organisationen,
  - stärkt und forciert eine gemeinsame EU-Außenpolitik,
  - leitet den „Europäischen Auswärtigen Dienst“ mit rund 130 Delegationen.

Europäische Sicherheits- und Verteidigungspolitik (GASP)

Die GSVP ist integraler Bestandteil der GASP und stützt sich auf ihre inhaltlichen, organisatorischen und personellen Strukturen. Sie soll die Vorstufe einer gemeinsamen EU-Verteidigungspolitik bilden.

Im Falle eines bewaffneten Angriffs verpflichten sich die Mitgliedsstaaten zu gegenseitigem Beistand.

Auf die labilere Sicherheitslage (s.o.) reagiert die GSVP mit mehreren Initiativen:

- *Ständige Strukturierte Zusammenarbeit (Art. 42.6 EUV)* – PESCO[10] gilt als erster Schritt hin zu einer weitgehend gemeinsamen Verteidigungspolitik. Maßnahmen sind u.a.:
  - Erhöhung der Verteidigungsausgaben auf 2 % des BIP[11],
  - Angleichung der nationalen Streitkräftestrukturen und
  - Aufbau von jederzeit einsatzbereiten militärischen Einheiten
  - Durchführung gemeinsamer Rüstungsprojekte
  - Engere Zusammenarbeit im Bereich der Cyberdefence

10 PESCO – Permanent Structured Cooperation.

11 Das Bruttoinlandsprodukt, abgekürzt BIP, bezeichnet den Wert aller Waren und Dienstleistungen einer Volkswirtschaft in Geld, die innerhalb eines Jahres im Inland produziert wurden.

- Der *Europäische Verteidigungsfonds* unterstützt die gemeinsame
  - Verteidigungsforschung und Entwicklung von Prototypen
  - Beschaffung von Verteidigungsgütern und -technologien.
- Die Globale Strategie (s. GASP) beinhaltet
- *zivile und militärische Missionen* und ihre Umsetzung:
  - gemeinsame Abrüstungsmaßnahmen
  - humanitäre Aufgaben und Rettungseinsätze
  - Aufgaben der militärischen Beratung und Unterstützung
  - Aufgaben der Konfliktverhütung und der Erhaltung des Friedens
  - Kampfeinsätze zur Krisenbewältigung und
  - Frieden schaffende Maßnahmen
  - Operationen zur Stabilisierung der Lage nach Konflikten
  - Bekämpfung des Terrorismus durch Unterstützung von Drittländern

g) Ausgewählte Politikbereiche

Wirtschafts- und Währungsunion

2020 ist der EURO in 19 der 28 EU-Staaten die gemeinsame Währung: Belgien, Deutschland, Estland, Finnland, Frankreich, Griechenland, Irland, Italien, Lettland, Litauen, Luxemburg, Malta, Niederlande, Österreich, Portugal, Slowakei, Slowenien, Spanien und Zypern

Vor der Einführung der EURO-Währung musste jeder Staat die

Konvergenzkriterien des „Stabilitäts- und Wachstumspakts“ erfüllen:

- Gesunde Staatsfinanzen:
  - Staatsverschuldung: höchstens 60 % des Bruttoinlandsprodukts (BIP)
  - jährliche Neuverschuldung höchstens 3 % des BIP
- Preisstabilität:
  höchstens 1,5 % über den drei preisstabilsten EU-Ländern
- Zinssätze:
  höchstens 2 % über den drei preisstabilsten EU-Ländern
- Wechselkursstabilität:
  Währungsstabilität gegenüber den EURO-Staaten

Die *unabhängige Europäische Zentralbank* (EZB/Frankfurt/M.) ist für die Stabilität des EURO verantwortlich. Vorrangiges Ziel ist Preisstabilität.

Staatsschulden- und EURO-Krise

Am 15. 09. 2008 brach die viertgrößte Investmentbank der Welt „Lehman Brothers“ als Folge einer verfehlten Kreditpolitik zusammen und stürzte wie in einem Schneeballsystem die Weltwirtschaft in eine ungeheure Krise.

Das Wirtschaftswachstum sank und damit die Steuereinnahmen. Die Arbeitslosigkeit stieg und damit die Sozialleistungen. Die Staaten verschuldeten sich, um die Wirtschaft anzukurbeln. Viele Staaten überschuldeten sich, teilweise über den kritischen Wert von 90 % des BIP, bei Griechenland auf 176 % (2019)[12].

Zum Schutz des EURO wurden verschiedene Maßnahmen getroffen:

- Der Europäische Stabilitätsmechanismus (ESM) unterstützt überschuldete EURO-Staaten mit Notkrediten und Bürgschaften.
- In der „Fiskalunion“ verpflichten sich die EU-Staaten (außer Großbritannien und Tschechien), die Konvergenzkriterien einzuhalten und einem „automatischen Korrekturmechanismus“ durch die EU-Kommission anzuerkennen.
- Eine „Schuldenbremse“ in den nationalen Verfassungen soll verhindern, dass Länder mehr ausgeben, als sie einnehmen.
- Eine zentrale Bankenaufsicht bei der EZB wacht über die Bonität der Banken.
  Bankenrettungsfonds der Banken selbst sollen die geordnete Rettung oder Abwicklung überschuldeter Banken finanzieren. Die Staatshaushalte sollen damit nicht mehr für die Bankenrettung „bluten“ müssen.

Europäischer Binnenmarkt

Seit 1993 existiert der Europäische Binnenmarkt.

Anfang 2020 bildete der Binnenmarkt einen Wirtschaftsraum mit

- 27 nationalen Volkswirtschaften,
- ca. 446 Millionen Einwohnern und einem
- Bruttoinlandsprodukt (BIP) von ca. 15.700 Milliarden EURO.

Er ist der größte Wirtschaftsraum der Welt.

12 https://de.statista.com/statistik/daten/studie/1636392/umfrage/staatsverschuldung-in-der-eu-in-prozent-des-bruttoinladnprodukts/ (abgerufen 26.05.20).

Der grenzüberschreitende Europäische Binnenmarkt beruht auf den *4 Freiheiten:*

Freier Personenverkehr	Freizügigkeit, Wegfall der Grenzkontrollen, Niederlassungs- und Beschäftigungsfreiheit, Anerkennung von Abschlüssen
Freier Warenverkehr	Keine Zölle und Grenzkontrollen, Wettbewerbsfreiheit, Harmonisierung von Normen, Vorschriften, Steuern
Freier Dienstleistungsverkehr	– Niederlassungsfreiheit für Handwerk, Handel und Freiberufler, – offener EU-Markt für Transport, Energie, Telekom, Bank- und Versicherungsleistungen
Freier Kapitalverkehr	EU-weiter Verkehr von Geld, Kapital und Finanzleistungen

Prinzip der gegenseitigen Anerkennung (EuGH – Cassis-de-Dijon-Urteil):

Waren und Dienstleistungen, die in einem Mitgliedsstaat rechtmäßig hergestellt wurden, dürfen in allen EU-Staaten vermarktet werden, auch wenn national andere Vorschriften gelten. Ausnahmen gelten im Allgemeininteresse zum Schutz von Gesundheit, Verbrauchern und Umwelt.

Mit dem Brexit verliert GB auch den Zugang zu Europ. Binnenmarkt.

Raum von Freiheit, Sicherheit und Recht (Artikel 67 AEUV)

Grundlage des Raums von Freiheit, Sicherheit und Recht sind die

- Grundrechte und die Rechtsordnungen der Mitgliedsstaaten.

Raum der Freiheit

- keine Personenkontrollen an den Binnengrenzen
- verstärkte Kontrollen an den Außengrenzen
- gemeinsame Politik in den Bereichen Asyl und Einwanderung

Raum der Sicherheit

- Verhütung und Bekämpfung von Kriminalität
- sowie von Rassismus und Fremdenfeindlichkeit
- Koordinierung und Zusammenarbeit von Polizeibehörden

- sowie von Organen der Strafrechtspflege z. B. durch
  - Europol, Eurojust, Europ. Justizielles Netz, Europ. Haftbefehl
  - gegenseitige Anerkennung strafrechtlicher Entscheidungen
  - Angleichung der strafrechtlichen Rechtsvorschriften

Raum des Rechts durch gegenseitige Anerkennung

- gerichtlicher und außergerichtlicher Entscheidungen in Zivilsachen

Schengener Grenzkodex (SGK) vom 12. 04. 2016

Zur weiteren Umsetzung des „Raums von Freiheit, Sicherheit und Recht" wird das „Schengener-Abkommen" und „Schengener Durchführungsabkommen" (SDÜ) durch den „Schengener Grenzkodex" aktualisiert.

Von den 27 EU-Staaten haben Irland und Zypern die Verordnung nicht ratifiziert, ebenso Dänemark, das sie allerdings umsetzt.

Beigetreten sind Island, Norwegen, Liechtenstein und die Schweiz.

Die EU-Verordnung legt für alle Mitgliedstaaten einheitliche Regeln fest.

Beim Grenzübertritt bestehen für Personen

- an den Außengrenzen Kontrollen und Einreisevoraussetzungen. Nicht-EU-Bürger, Drittstaatsangehörige, benötigen einen Aufenthaltstitel.
- An den Binnengrenzen existieren keine Kontrollen.
  - Zur Abwehr von Gefahren für die Sicherheit der Grenze sind in einem 30 Km-Bereich Kontrollen möglich.
  - Ist die öffentliche Ordnung oder die innere Sicherheit in einem Mitgliedstaat ernsthaft bedroht, so können begrenzt Grenzkontrollen eingeführt werden.

Schengener Informationssystem (SIS II)

Auf das elektronisches Personen- und Sachfahndungssystem können alle Schengen-Staaten zugreifen. SIS II ist das Instrument zur inneren Sicherheit der Schengen-Staaten. Es ermöglicht die Zusammenarbeit zwischen Migrations-, Polizei-, Zoll- und Justizbehörden.

Es enthält Informationen und Daten zu

- Personen, die von der Polizei oder Justiz gesucht werden, für die ein Einreiseverbot besteht, für ausreisepflichtige oder vermisste Personen.
- Sachen wie Autos, Waffen, Drogen, Spreng- und Explosionsmittel.
- Straftatbeständen wie Terrorismus, Kindesentführung durch ein Elternteil.
- Biometrischen Daten wie DNA, Hand-/Fingerabdrücke, Tatortspuren.

Frontex – Europ. Agentur für die Grenz- und Küstenwache

Der Schutz der Außengrenzen ist Aufgabe von Frontex. Mit der Abwehr von Gefahren soll der „Raum der Freiheit, der Sicherheit und des Rechts“ im Inneren gesichert werden.

Die Aufgaben von Frontex bestehen aus der

- Unterstützung bei Notsituationen an der Grenze durch Beamte der EU- bzw. Schengen-Staaten sowie durch Schiffe, Flugzeuge und Ausrüstung.
- Bewertung von Risiken für die Grenzsicherheit der EU.
- Lagebeobachtung: Bereitstellen von Informationen und Warnmeldungen.
- Austausch über kriminelle Aktivitäten wie Schleusung von Migranten, Menschenhandel und Terrorismus.
- Unterstützung bei der Rückführung von Migranten ohne Aufenthaltserlaubnis in ihre Heimatländer. Hilfe bei der Beschaffung der Reisedokumente.
- Kontaktpflege zu Herkunfts- und Transitländern von Migranten.
- Ausbildung von Beamten in den Schengen-Staaten.

Die operativen Fähigkeiten werden ab 2020 mittelfristig gestärkt:

- Aufbau einer ständigen Reserve von 10.000 Einsatzkräften, die mehrheitlich von den Staaten langfristig abgeordnet werden sollen
- Eigene Befugnisse zu Grenzkontrollen, Rückkehr- und Rückführungsmaßnahmen, z. B. durch die Beschaffung von Reisedokumenten
- Zusammenarbeit mit Drittstaaten bzgl. der gemeinsamen Grenze, zur Migrationssteuerung sowie zu Rückkehr- und Rückführungsmaßnahmen
- Eigener Bestand an Fahrzeugen, Schiffen, Flugzeugen, Ausrüstung

3. NATO – Nordatlantische Verteidigungs-Organisation

1949 gegründet als kollektiver Beistandspakt gegen die sowjetische Expansion in politischer wie militärischer Hinsicht.

Als Bündnisfall wird definiert:

Ein bewaffneter Angriff auf einen oder mehrere NATO-Partner in Nordamerika oder Europa wird als Angriff auf alle Mitglieder angesehen.

Eine direkte Verpflichtung zum Beistand besteht nicht. Die Mitglieder treffen

- „unverzüglich“ die Maßnahmen, die sie
- „für erforderlich erachten“,

– „einschließlich der Anwendung von Waffengewalt".[13]

30 Mitgliedsstaaten – Voraussetzung: demokratische Regierungsform

Island | Norwegen
Großbritannien | Dänemark | Estland
Lettland
Niederlande | Litauen
Belgien | Polen
Frankreich Luxemburg | Deutschland | Tschechien Slowakei
Slowenien Ungarn
USA Kanada | Kroatien Rumänien
Montenegro Bulgarien
Italien | Albanien Nordmazedonien
Portugal Spanien | Griechenland Türkei

Beitrittsbewerbungen: Bosnien-Herzegowina, Georgien, Ukraine

Organisation

– Politische Organe mit europäischem Generalsekretär
– Militärische Strukturen unter US-Oberkommando

Ziele und Aufgaben

Nach dem Ende des Kalten Krieges leitet die NATO einen Strategiewechsel ein zur Stärkung von Frieden und Sicherheit auf der Basis von Demokratie und Menschenrechten durch politische, wirtschaftliche und militärische Kooperation.

Einsätze hierzu können außerhalb des eigenen Gebietes (out of area) erfolgen. Die Ermächtigung durch die UN wird „im Grundsatz" anerkannt.

13 Artikel 5, Nordatlantikvertrag, vom 4. April 1949, (BGBl. 1955 II S. 289).

2010 Die NATO beschließt 3 gleichrangige Aufgaben:
- kollektive Verteidigung gemäß dem Nordatlantikvertrag (Bündnisfall),
- politisches und militärisches Krisenmanagement und
- kooperative Sicherheit mit Drittstaaten.

2014 Russland annektiert die Krim und bricht so die europ. Friedensordnung.

Prorussische Separatisten kämpfen in der Ostukraine für eine Abspaltung der an Russland grenzenden Provinzen.

2014 In der NATO führt dieses zu einem erneuten Strategiewechsel:

Der Bündnisfall wird wieder zur erstrangigen Aufgabe und damit die Verteidigung des eigenen Territoriums. Eine Politik der reaktiven Abschreckung gegenüber Russland geht mit einer Umstrukturierung der Streitkräfte einher.

2014 Die NATO beschließt den Aufbau einer äußerst schnellen Truppe.

In 2 bis 7 Tagen soll diese an den Nato-Außengrenzen einsatzbereit sein.

Operativ ergänzt diese Truppe die *NATO Response Force (NRF)*, die schnelle Eingreiftruppe, die mit ca. 25.000 Soldaten innerhalb von 30 Tagen weltweit einsetzbar sein soll.

Bedrohungslagen im Sicherheitsumfeld der NATO

- Russlands Expansionsdrang (Ost-/Nordeuropa, Syrien, Libyen): der verstärkte Einsatz hybride Kriegführung[14], neuartige Waffensysteme wie Hyperschallwaffen[15] (> 25 Mach) und Marschflugkörper mit Nuklearantrieb für unbegrenzte Reichweite
- Instabilität im Mittelmeerraum (Nordafrika, Sahelzone, Naher Osten): zerfallende Staaten, Religions- und Bürgerkriege, Terrorismus, Ausweitung der Einflusssphären durch Regional- und Großmächte
- Chinas Drang zur Großmachtstellung: politische, wirtschaftliche, militärische Rivalität zu den USA, das seine Vormachtstellung bedroht sieht
- „America first“ – geringeres Interesse der USA unter Trump an multilateralen[16] Partnerschaften wie mit der NATO, damit an der Bündnisverpflichtung

14 https://de.wikipedia.org/wiki/Hybridkrieg.
15 https://de.wikipedia.org/wiki/Awangard_(Hyperschallwaffe).
16 Mehr als zwei Vertragspartner betreffend; mehrseitig.

- Verbreitung von Massenvernichtungswaffen und Trägersystemen
- Terrorismus mit ABC-Waffen oder radiologischen Fähigkeiten
- Waffen-, Drogen- und Menschenhandel, Migration als „Waffe"
- Angriffe, auch Cyber-Angriffe, auf staatlichen Verwaltungen, Unternehmen, Versorgungsnetzen, Energieversorgung, Kommunikations- und Transportwege
- Umweltkrisen: Kriege um Süßwasser, Überflutung besiedelter Gebiete, insgesamt: Kämpfe der Geschädigten gegen die Nicht-Geschädigten

Interessengegensätze zwischen den NATO-Staaten
ergeben sich aus der unterschiedlichen Betroffenheit von den einzelnen Bedrohungen:
Während die nord- und osteuropäischen Staaten den forcierten Aufbau der Territorialverteidigung anstreben, ist dieser Ansatz für die Mittelmeerstaaten im Kampf gegen Terrorismus und Migration ungeeignet. Einsätze „out of area" sind hier eher geeignet, die Bedrohungen in den Ursprungsländern zu bekämpfen. Die Rivalität der USA zu China verlagert die Politikschwerpunkte der NATO-Führungsmacht und es entstehen Zweifel an der Bündnistreue und -verpflichtung.

Einsätze der NATO

- *Afghanistan* – Resolute Support Mission (RSM) - seit 2015:
  Nachfolgemission der ISAF. Beratung, Ausbildung und Unterstützung der afghanischen nationalen Verteidigungs- und Sicherheitskräfte.
- *Kosovo* – Kosovo Force, KFOR – seit 1999:
  KFOR im Kosovo unter UN-Mandat eingesetzt. Multinationale Kräfte unterstützen den Aufbau und Erhalt eines demokratischen, rechtsstaatlichen und multiethnischen Umfelds im Kosovo.
- *Polen u. baltische Staaten* – Enhanced Forward Presence (EFP) – seit 2016:
  Sicherung der Ostflanke der NATO und der Abschreckung von Bedrohungen des Bündnisgebietes.
- *Baltikum und Westbalkan* Air Policing Missions – seit 2014:
  Nach der Krim-Annexion und prorussischen Kämpfen in der Ukraine Verstärkung der Überwachung und Schutz des Luftraums.

- *Irak* – NATO Mission Iraq – seit 2018
  (Verlängerung bis 31. 10. 2020 durch BTag):
  Training und Unterstützung der irakischen Sicherheitskräfte, Stabilisierung der Region und Verhinderung des Wiedererstarkens der Terrororganisation u. -miliz Islamischer Staat (IS).
- *Mittelmeer* – Operation Sea Guardian – seit 2016:
  Stärkung der Südflanke der NATO, frühzeitige Erkennung über krisenhafte Entwicklungen und maritimen Terrorismus.

4. UN – United Nations/VN – Vereinte Nationen

Mit Ausbruch des II. Weltkrieges war der Völkerbund, die Vorgängerorganisation der UN, gescheitert.

Direkt nach Ende dieses grausamen Weltkrieges erfolgte am

- 26. 6. 1945 die Gründung der UN durch 50 Staaten als Staatenbund.
- 1973 traten die Bundesrepublik Deutschland und die DDR bei.
- 2019 waren 193 Staaten Mitglied der UN. Alle unterschrieben die
- UN-Charta, in der es im 1. Artikel heißt:

„Alle Menschen sind frei und gleich an Würde und Rechten geboren. Sie sind mit Vernunft und Gewissen begabt und sollen einander im Geiste der Brüderlichkeit begegnen.“ (s. S. 31)

a) Ziele und Aufgaben der UN

Diese sind

- den internationalen Frieden zu wahren und
- Streitigkeiten zu schlichten,
- freundschaftliche Beziehungen unter den Staaten herzustellen,
- die wirtschaftliche, soziale, kulturelle Zusammenarbeit zu verbessern,
- die Achtung der Menschenrechte und Grundfreiheiten zu fördern.

Die Verwirklichung dieser Aufgaben

- Die Durchsetzung dieser Aufgaben verhinderte im Ost-West-Konflikt oft die gegenseitige Blockade der Großmächte USA und UdSSR.
- Mit der Entkolonialisierung entstanden viele neue Staaten, die in der UN ihre Forderungen gegenüber den reicheren nördlichen Staaten vertraten.

- Mit Ende des Ost-West-Konflikts sollte die UN zu ihren eigentlichen Aufgaben zurückfinden. Viele trauten der UN als Weltordnungsmacht die Lösung weltweiter Probleme zu.
- Seit 1993 zeigte sich, dass die UN mit dieser Rolle überfordert war.
  - Sie verließ Somalia gedemütigt, ohne den Bürgerkrieg zu beenden.
  - In Ruanda wird der Völkermord mit 800.000 Opfern von der UN, aber auch von den Weltmächten und der Weltöffentlichkeit ignoriert.
  - Bosnische Serben überfielen die UN-Schutzzone Srebrenica und erschossen ca. 7.000 moslemische Bewohner und Schutzsuchende.
- 2000 Die *Millennium-Entwicklungsziele* werden verabschiedet: Die Ziele sollten bis 2015 erreicht werden. (s. unten)
- Mit dem 11. Sept. 2001 beginnt die schwierigste Phase der Geschichte der UN und führt sie an die Grenze der Belastbarkeit:
  - 2001 Der Krieg der USA gegen Afghanistan wird ohne UN-Mandat geführt.
  - Im Irak-Krieg übergehen die USA und ihre Verbündeten den UN-Sicherheitsrat und schwere völkerrechtliche Einwände.
  - In Afrika weiten sich die Konflikte um Macht, Land und Rohstoffe aus.
- 2010 Der „Afrikanische Frühling“ führt statt zu mehr Demokratie zu instabilen Staaten, neuen autoritären Regimen und zu Kriegen.
  - In Syrien verhindert Russland UN-Maßnahmen.
  - Ein Erfolg der UN ist die Vernichtung der syrischen Giftgasbestände.
- 2013 flüchteten 2,5 Mill. Menschen aus Syrien, 6,5 Mill. innerhalb des Landes. Weltweit sind 51,2 Mill. Menschen auf der Flucht.[17]
  - Das UN-Flüchtlingshilfswerk UNHCR versucht das Elend zu lindern.
- 2015 Die Millenniums-Ziele werden überprüft. Auch wenn sie nicht vollständig erreicht werden, ist das Ergebnis ein Erfolg für die UN und die Menschen, denen geholfen werden konnte. (s. u.)

Die Millenniums-Ziele von 2000 in ihrer 2015 erweiterten Fassung:

1. Beseitigung der extremen Armut und des Hungers (Halbierung)
2. Verwirklichung der allgemeinen Primarschulbildung
3. Förderung der Gleichstellung der Geschlechter und politische, wirtschaftliche und soziale Befähigung der Frau

17 UNHCR, World Refugee Day: Global forced displacement tops 50 million for first time in post-World War II era, 20 June 2014, http://www.unhcr.org/53a155bc6.html, Stand 19. 01. 2015.

4. Senkung der Kindersterblichkeit
5. Verbesserung der Gesundheit von Müttern
6. Bekämpfung von HIV/Aids, Malaria und anderen Krankheiten
7. Sicherung der ökologischen Nachhaltigkeit
8. Aufbau einer weltweiten Entwicklungspartnerschaft

Drei Arten von Friedensmissionen

unterscheiden heute die „Blauhelme", die UN-Friedenstruppen:

- *„Peacemaking"* – Missionen mit zivilen und militärischen Mitteln, einem „robusten Mandat", setzen auf die unmittelbare Beendigung von Kampfhandlungen, um Frieden zu schaffen.
- *„Peacekeeping"* – Missionen, die die Konfliktparteien auseinanderhalten und die Einhaltung von Abkommen überwachen, bevorzugt die UN heute.
- *„Peace building"* – Missionen zielen mit der Organisation von Polizei, Verwaltung, Wahlen, Wiederaufbau u. a. auf die Lösung der politischen, wirtschaftlichen und sozialen Ursachen und Folgen von Bürgerkriegen.

Aktuell laufende UN-Missionen (mit Jahresangabe zum Beginn)

Israel – Palästina	1948	Indien – Pakistan	1949	Zypern	1964
Syrien Israel	1974	Libanon	1978	Westsahara	1991
Kosovo	1999	Demokratische Republik Kongo	1999	Guinea-Bissau	2004
Sudan	2007	Südsudan	2011	Somalia	2012
Mali	2013	Zentralafrikanische Republik	2014	Kolumbien	2017

Den Friedensnobelpreis 2001 erhielten UN und Kofi Annan je zur Hälfte.

b) Organe der UN

Vollversammlung (VV)

- Alle 193 Staaten treffen sich einmal im Jahr im September, um
- internationale Fragen, spezielle Krisen, zu erörtern,
- die Mitglieder der anderen Organe zu wählen und
- den Haushalt der UN zu beschließen.
- Beschlüsse der VV sind nicht bindend.

Sicherheitsrat

- 5 ständige Mitglieder mit *Vetorecht*: USA, Russland, GB, F, China
- 10 nichtständige Mitglieder, für 2 Jahre gewählt
- Beschlüsse bedürfen der Mehrheit von 5 ständigen und 4 nichtständigen Mitgliedern.
- Der Sicherheitsrat ist die Vertretung der Vollversammlung und
- alleiniges Entscheidungsorgan über Maßnahmen bei intern. Krisen.
- Unterorganisation: UN-Friedenstruppen, „Blauhelme".

Generalsekretariat

- Der Generalsekretär, seit 2017 António Guterres und 32 Stellvertreter,
- wird für 5 Jahre gewählt. Er
- informiert den Sicherheitsrat über internationale Lagen und Krisen,
- setzt die Beschlüsse von VV und Sicherheitsrat durch und
- verwaltet die UN-Organisation.

Internationaler Gerichtshof

- 15 Richter, von Vollversammlung und Sicherheitsrat für 9 Jahre gewählt,
- entscheiden unabhängig von politischen und sonstigen Weisungen
- über internationale Fragen des Völkerrechts.

Nur $^1/_3$ der Mitgliedsstaaten erkennt seine Entscheide an und gestattet ihre Durchsetzung und Vollstreckung.

Spezial- und Sonderorganisationen (Auswahl)

UNESCO	Organisation für Erziehung, Kultur, Wissenschaft
UNHRC	Rat für Menschenrechte
UNHCR	Flüchtlingskommission
UNICEF	Kinderhilfswerk
FAO	Organisation für Ernährung und Landwirtschaft
IWF	Internationaler Währungsfonds
WHO	Weltgesundheitsorganisation u. a.

Regionale Organisation der UN ist seit 1992 die
Organisation für Sicherheit und Zusammenarbeit in Europa, OSZE.

Entwicklung, Ziele und Inhalte siehe*:* OSZE, s. S. 32.

5. Internationaler Strafgerichtshof (ICC/IStGH)

Sitz: Den Haag

1998 Das „Römische Statut des Internationalen Strafgerichtshofs" wurde als Gründungsakte in Rom verabschiedet.

2002 Der IStGH nimmt als *unabhängige Organisation* seine Arbeit auf.

Mit der UN besteht ein Kooperationsabkommen.

2015 123 Staaten haben das „Römische Statut" unterzeichnet,

31 haben es nicht ratifiziert wie Russland, USA, Israel, Sudan ...

2015 Die Palästinenser treten trotz Sanktionen Israels dem IStGH bei.

Ausgetreten aus dem IStGH sind Burundi und die Philippinen.

Die USA hat Sanktionen gegen den IStGH und dessen Chefankläger wegen Ermittlungen zu möglichen Kriegsverbrechen von US-Militärs in Afghanistan erlassen.

Der IStGH ist keine UN-Einrichtung.
Es besteht aber eine enge Kooperation mit den UN-Organen, die die strafrechtlichen Ermittlungen des IStGH unterstützen.

Die Gerichtsbarkeit erstreckt sich auf

- individualstrafrechtliche Verantwortlichkeit natürlicher Personen, unabhängig von offiziellen Ämtern oder Titeln
  keine Verantwortlichkeit von Staaten,
- „schwerste Verbrechen, welche die intern. Gemeinschaft" berühren:
  - Völkermord
  - Verbrechen gegen die Menschlichkeit
  - Kriegsverbrechen und das
  - Führen eines Angriffskrieges.

Der Antrag auf Strafverfolgung kann durch

- Staatenbeschwerde,
- Initiative des UN-Sicherheitsrates oder
- eigene Initiative des IStGH gestellt werden.

Die Strafverfolgung ist an folgende Bedingungen geknüpft:

- *Vorrang* besitzt eine nationale Gerichtsbarkeit, soweit sie existiert – außer sie ist unfähig oder unwillig, die Straftat ernsthaft zu verfolgen.
- Der Täter muss kein Staatsangehöriger eines Unterzeichnerstaates sein.

- Immunität nach staatlichem Recht steht einer Aburteilung nicht entgegen.
- Das Verbrechen wurde auf dem Gebiet eines Unterzeichnerstaates begangen.

Strukturschwächen des Gerichtshofs sind, dass er

- keine eigene Befugnis zur Festnahme von Straftätern,
- keine eigene Befugnis zur Erhebung von Beweismaterial besitzt und
- abhängig ist von der Unterstützung der Staaten und ihrer Organe.

Stichwortverzeichnis